시나리오

일 상 에 서 만 나 는 바 다 이 야 기

시나리오
SEANARIO

윤학배 지음

생각의창

우리는 모두
바다 인류, 호모 씨피엔스다

바다 없는 우리의 생활을 상상이나 할 수 있을까? 바다가 없었다면 우리 인류는 어떻게 되었을까? 조금 과장해서 말하면, 우리 인간은 바다 없이는 하루도 살 수 없는 존재다. 아니 바다가 없었다면 인간이라는 종種은 아예 출현하지 못했을 것이다.

우리와 같은 현재의 인류를 호모 사피엔스Homo Sapiens라 한다. 생각하는 동물이라는 의미다. 같은 맥락으로 바다 없이는 살 수 없는 우리 인류를 나는 호모 씨피엔스Homo Seapiens라 부른다. 이런 내 생각에 이의를 제기할 사람도 있겠지만, 우리 인류를 포함한 지구의 생명체는 모두 바다에서 시작되고 진화했다. 또 지금은 바다가 결정하는 지구의 기후 속에서 살고 있고, 바다가 주는 식량으로 살아간다.

이렇듯 모든 면에서 인간은 바다 인류, '호모 씨피엔스'다.

나는 바다를 정책 대상으로 하는 부처에서만 30여 년의 기간을 보냈다. 내가 태어난 곳은 지금은 소양댐 건설로 물에 잠긴, 소양강 지류가 산 밑으로 아득히 내려다보이는 강원도 산골의 붓당골이라는 화전민 마을이었다. 바다와는 전혀 상관없는 곳이었다. 바다는 그림에서만 보는 것이었고, 바닷물고기도 왕소금에 절인 자반 임연수(우리는 이멘수라고 불렀다)와 고등어밖에 모르고 살았다. 산골이었고 넉넉하지 않은 집안 살림이라 당연히 바다 여행은 꿈도 꿀 수 없었다. 서울에 있는 대학에 입학해서야 처음으로 여수로 수학여행을 가서 바다를 보고 파도 소리를 들었다. 그야말로 이십 몇 년 인생의 첫 바다 경험이었다. 바다를 처음 접했을 때의 그 광활함과 찬란함은 이루 말할 수 없는 것이었다. 그 경이로움은 수십 년이 지난 지금도 내 눈과 귀에 살아 있다.

운명의 장난이었을까. 1986년 첫 공직 생활을 자의 반 타의 반으로 '해운항만청'에서 시작했다. 이것이 바다와 맺은 인연의 시작이었다. 첫 인연의 매듭은 30여 년의 공직 생활이라는 동아줄로 이어져 바다와는 뗄 수 없는 바다 사람으로 살게 했다. 그리고《호모 씨피엔스》에 이어 이번《시나리오》라는 책까지 쓰게 되었다. 사람의 운명은 이렇게 알지 못하는 사이에 결정되는 듯하다.

그동안 우리는 바다를 귀하게 여기지 않은 경우가 많았다. 아니 과거에는 바다를 육지의 보조 역할이나 보완의 대상으로 생각했다. 육지의 쓰레기를 바다에 그냥 버리고, 폐수를 바다에 그대로 방류하기도 했다. 또 해안선의 직선화와 육지 확장이라는 미명하에 그 귀한 갯벌을 마구잡이로 매립했다. 그런데도 유네스코UNESCO가 우리 갯벌을 세계자연유산으로 지정 등재했다. 아이러니가 아닐 수 없다. 이렇게 망가지고 헐뜯긴 갯벌도 세계자연유산의 하나가 되었는데, 자연 그대로의 우리 갯벌은 얼마나 대단한 가치와 의미를 지녔을까.

우리나라의 해안선은 15,000킬로미터에 달한다. 육지 면적에 비해 엄청난 길이다. 하지만 이 해안선도 과거 100년 전에 비해 길이가 20% 정도 감소한 것이다. 바로 매립 때문이다.

이런 우리와는 달리 바다를 확보하기 위해 피나는 노력을 하는 나라들이 많다. 중동의 요르단은 홍해 구석에 있는 아카바Aqaba만의 해안선 26킬로미터를 갖기 위해 이웃 국가인 사우디아라비아에 서울 면적의 10배에 달하는, 그것도 석유가 나오는 유전 지역을 양보했다. 26킬로미터의 해안선과 바다가 내륙의 유전보다 더 귀하다는 것이다. 남미의 내륙국 볼리비아는 바다는 없어도 3월 23일을 바다의 날, 그것도 공휴일로 기념하며 바다 갖기를 열망하고 있다.

이렇게 귀한 바다를 우리는 삼면으로 가지고 있다. 참으로 행복한 나라다. 하지만 우리는 바다가 귀하고 소중한 줄을 잘 알지 못한다. 유엔 회원국 195개 국가 중 바다 한 뼘 없는 내륙국이 45개국에 달한다. 내륙국이 되어 보면 바다가 얼마나 귀한지 피부로 절감한다. 이 귀한 바다를 소중하게 대하고 보살펴야 하는 까닭이 여기에 있다.

우리 모두의 생활필수품이 되어버린 휴대폰은 전화기 이전에 휴대용 개인 컴퓨터다. 그런데 이 컴퓨터의 많은 인터넷 용어가 바다에서 유래하고 있다. 예를 들어 로그인과 로그아웃, 다운로드와 업로드, 포털 사이트 등의 용어가 그렇다. 이뿐인가. 우리가 매일 마시는 커피도 바다 없이는 설명이 되지 않는다. 맛 좋은 모카커피는 커피를 수출입 하던 예멘에 있는 모카 Mocha항에서 유행하던 커피였다. 또 해외여행의 필수품 여권passport이 바로 바다 항구에서 나왔다.

텔레비전이나 라디오에서 뉴스를 진행하는 사람을 우리는 앵커anchor라 부른다. 이 앵커가 바닷사람들의 생존 수단이자 생명줄인 선박의 닻이다. 배가 표류하지 않게 중심을 잡아 주듯, 뉴스나 프로그램의 흐름을 잘 잡아 주고 이끌어 주는 사람이 바로 앵커다. 이렇듯 바다를 떼어 놓고는 우리의 일상생활을 말할 수 없다.

한 설문 조사를 보면 우리나라 사람들이 가장 궁금해하는 우리말 어원이 '사바사바'라고 한다. 일본말 같기도 하고 아닌 것 같기도 한 이 말의 유래는 바닷물고기와 관련이 있다. 또 '멍텅구리'라는 말도 바닷물고기 이름에서 유래했다. 이렇게 우리가 부지불식중에 사용하는 수많은 일상용어가 바다에서 나왔다. "어? 이것도 바다에서 나왔네!" 하고 놀랄 정도로 바다는 우리 일상에 아주 깊숙이 들어와 숨 쉬고 있다.

그렇다.

바다는 우리의 일상이다.

그렇기에 바다는 우리 일상의 이야기를 담고 있는 장대한 장편 서사시이자 시나리오다.

그리고 우리는 바다 인류, 호모 씨피엔스다.

제3부

내 마음속 네모Nemo를 찾아서

제1부

바다 인류,
호모 씨피엔스

가 보지 않은
바다를 항해하다

위험danger과 위험risk

우리는 크고 작은 위험이나 위기 속에서 살고 있다. 질병의 위험, 사고의 위험, 경제적인 어려움 등 무수히 많은 위험이 주위에 도사리고 있다. 그런데 우리말로 이 '위험'이란 말에 맞는 영어 단어를 찾으면 여러 가지가 나온다. 이 중 대표적인 것으로 danger와 risk가 있다.

danger는 우리에게 다가오는 위험 그 자체를 의미하며 당연히 이를 피해야 한다. 피해를 입지 않으려면 말이다. 우리가 아무리 잘 준비하고 대비해도 사전에 알기 쉽지 않고 어느 순간 불현듯 다가오는 위험이 danger다. 교통사고나 화재 같은 생활 속의 사고, 태풍이나 지진 같은 자연재해

등이 바로 그것이다.

danger와 비슷한 의미를 가진 것으로 risk가 있다. 위험 또는 위기라고 번역되며 사전에 알 수 있는 경우를 의미한다. 그래서 잘만 하면 이 risk를 회피할 수도 있고 더 나아가 이를 이용하거나 활용할 수도 있다. 어떤 경우에는 오히려 risk를 즐기면서 대응할 때도 있다.

리스크risk는 경제나 금융을 넘어 우리 일상에서도 많이 사용한다. '리스키risky하다', '리스크 관리 잘해라', '하이 리스크, 하이 리턴' 등의 말이 그렇다. 이 정도 되면 리스크는 회피의 대상이 아닌 환영의 대상 같기도 하다. 왜 그럴까?

리스크가 바다에서?

이 리스크는 아랍어에서 나온 말로, '해도海圖가 없는 미지의 바다를 처음으로 항해한다'는 말에서 유래했다. 리스크는 그리스 시대 호메로스의 대서사시 〈오디세이Odyssey〉에서도 보인다. 바다의 암초 또는 바닷가에 있는 절벽이라는 의미로 사용되었다. 그리고 라틴어에서도 유사한 의미로 사용된다.

지금도 마찬가지이지만 옛날에 아무도 가 보지 않은 바다를 항해한다는 것은 목숨을 걸어야 하는 위험 그 자체였다. 그러나 항해에 성공하기만 하면 미지의 땅을 발견하거나 최단 항로를 개척할 수 있어서 갑부가 되는 지름길이기도 했다. 다시 말해 매우 위험하기는 해도 성공만 하면 엄청난 반대급부가 예상되는, 말 그대로 '해볼 만한 모험'이었다. 그렇기에 이 리스크는 단순한 위험danger과는 달라서 잘 준비하고 관리만 잘하면 큰 이익이나 수익을 가져올 수 있었다.

　리스크 분석과 관리risk analysis & management가 경영이나 금융의 가장 중요한 요소의 하나라고 한다. 어떻게 보면 이것은 매 순간 리스크에 노출되어 있는 우리의 일상에서도 마찬가지 아닐까 싶다. 주위에서 '하이 리스크, 하이 리턴high risk, high return'이라는 말을 많이 들어보았을 것이다. 위험성이 높기는 하지만 잘 준비해서 성공하면 그만큼 반대급부가 크다는 이야기다. 미지의 바다를 항해하던 콜럼버스를 생각해보면 그 의미가 이해가 된다. 물론 콜럼버스가 본인의 요구만큼 반대급부를 제대로 챙겼는지는 별개로 하고 말이다. 반대로 마젤란은 세계 일주 성공을 눈앞에 두고 필리핀에서 죽게 되므로, 리스크는 높았으나 반대급부는 제대로 누리지 못한 케이스라고 할 수 있다. 어쨌든 리스크는 단지 위험으로 번역되지 않고 '모험'으로 번역되는 게 맞는 것 같다. 그러고 보면 콜럼버스는 리스크를 즐겼던 인물임이 틀림없다. 아마도 벤처기업가 정신을 가장 상징적으로 보여준 사람이 바로 콜럼버스일 것이다. 그의 정신은 창의성과 열정을 기반으로 하는 지금의 신생 벤처기업에 그대로 살아 있다. 벤처와 리스크가 한 몸이듯이.

　위기는 기회다. High Risk, High Return!

보험이
바다에서 시작되었네

런던항의 로이즈 커피 하우스

우리는 어려울 때를 대비해 여러 가지 준비를 한다. 그중 대표적인 것이 보험이다. 말 그대로 비 올 때를 대비해 해가 쨍쨍하게 내리비추는 좋은 시절에 준비하는 것이 보험이다.

그런데 보험회사의 이름에 '○○해상' 또는 '○○해상화재'처럼 '해상'이라는 이름이 들어간 경우를 가끔 보게 된다. 무슨 연유로 보험회사 이름에 해상이 붙어 있는 것일까? 그 회사의 주된 보험 상품이 선원보험이나 선박보험과 같은 해상도 아닌 것 같은데. 그 이유는 이 보험이라는 것이 바로 바다에서 시작되었기 때문이다.

1680년경 영국 런던항에 에드워드 로이드Edward Lloyd라는 사업적인 마인드가 출중한 사람이 자기의 이름을 따서 '로이즈 커피 하우스Lloyd's coffee house'라는 이름의 바다가 보이는 작은 카페를 오픈했다. 런던항 인근이었기에 커피를 마시러 오는 손님 대부분이 선주와 화주, 선원 등 바다와 배에 관련된 사람들이었다. 그들의 주된 관심은 오늘 입항하거나 출항하는 배가 무엇인지, 그리고 풍랑이나 무슨 문제 없이 배가 제대로 항해해서 향신료나 물건을 싣고 오는지였다. 이를 간파한 커피 하우스 주인 에드워드는 배의 입출항 리스트를 만들어 손님들에게 서비스로 나누어 주기 시작했다. 이것이 바로 해양 분야의 세계 유일의 일간신문 〈로이즈 리스트Lloyd's List〉의 시작이다. 또 에드워드는 풍랑 등으로 걱정이 태산 같던 손님 중 몇몇으로부터 미리 돈을 거두어 보관하고 있다가 사고가 생겨 배가 침몰하거나 짐을 분실해 손해가 생기면 일정 금액을 보상해주었다. 이것이 바로 현대적 의미의 로이즈 보험의 시작이다.

이런 의미에서 에드워드 로이드는 전 세계 제1호 보험대리인, 즉 underwriter다. 계약을 체결할 때 계약서 종이 윗부분에다 내용을 쓰고 맨 아래에 에드워드가 직접 서명을 했는데, 이처럼 보험 서류의 '맨 아래에 서명한다'는 의미로 underwriter가 보험모집인을 의미하게 된 것이다. 지금 우리가 보험을 들게 되면 받는 보험증권이 바로 여기에서 시작되었다.

물론 원시적인 형태의 해상보험이 그리스나 로마 시대에 이미 있기는 했지만, 우리가 현재 알고 있는 보험은 런던항의 로이즈 커피 하우스에서 시작된 것이다. 그렇기에 초기의 모든 보험은 해상보험이었다. 이 때문에 지금도 보험회사 이름에 '○○해상화재' 등의 명칭이 남아 있는 것이다. 해상보험 이후에 런던 대화재로 화재보험이 시작되고, 그다음에 생명보험으로까지 이어진다.

이렇듯 런던항 커피 하우스의 해상보험에서 시작된 보험은 지금도 영국이 주도하고 있다. 이런 이유로 '런던 로이즈 보험Lloyd's of London'은 보험사들의 보험사라고 불린다. 우리나라의 보험사는 물론이고 세계의 보험사들이 런던 로이즈 재보험에 보험을 들고 있다.

런던항에서 커피를 볶고 내려서 진한 커피를 팔던 에드워드 로이드의 출중한 사업적 마인드 덕에 영국 런던은 뉴욕, 동경과 더불어 세계 3대 금융시장의 하나로 자리매김하고 있다.

타이태닉호 침몰과 로이즈 보험

아이러니하게도 보험의 필요성을 가장 상징적으로 보여준 사고가 바로 1912년에 발생한 호화 여객선 타이태닉Titanic호의 침몰이다. 우리는 '타이태닉호' 하면 제임스 카메론 감독이 만든 영화 때문에 뱃머리에 서서 머리를 흩날리던 레오나르도 디카프리오Leonardo DiCaprio와 케이트 윈슬릿Kate Winslet 두 젊은 연인의 낭만적인 모습이 먼저 떠오른다. 셀린 디온이 부른 〈My Heart Will Go On〉의 리듬과 함께. 타이태닉호 침몰이라는 역사적인 비극을 낭만의 모습으로 전환시키다니… 영화라는 장르와 영화감독이 대단하다는 생각이 들기도 한다.

타이태닉호의 침몰은 해상에서의 인명 및 안전 구조 체제를 형성하는 데 결정적인 영향을 미쳐, 보험 역사에도 매우 중요한 의미를 가진다. 당시 타이태닉호는 런던 남서쪽에 위치한 사우샘프턴Southampton항을 출항하기 전에 영국의 로이즈 보험 등 몇몇 보험회사에 보험을 들었다. 타이태닉호 사고로 로이즈 보험은 당시 140만 파운드가 넘는 보험금을 선사 측에 지불했다. 이는 현재의 기준으로 보면 1조 원이 넘는 천문학적인 금액이다. 여기에서 더 놀라운 것은 이러한 엄청난 보험금 규모에도 불구하고 로이즈 보험은 보험금 지급 신청을 받은 지 30일 만에 보험금을 타이태닉호를 소유하던 선사인 화이트 스타 라인White Star Line 측에 지급했다는 사실이

그림 1-1 1912년 처녀항해 당시 타이태닉호의 모습

다. 물론 엄청난 보험금 지급으로 재정적으로 큰 타격을 입기도 했지만, 로이즈는 어떤 사고든지 최단 시간 내에 보험금 지급이 가능한 보험사라는 것을 인식시켜 주었다. 이로 인해 전 세계에 보험회사로서의 입지가 더욱 굳어지게 되는 계기가 되었다. 또 당시에는 요즘과 같은 위험 분산과 안전 장치가 없었기에 천문학적인 보험금 지급 규모에 놀란 보험사들은 재보험이라는 위험 분산 방안을 강구하게 되었다.

이렇듯 보험 산업의 시작은 바다의 필요성에 의해 태동되었고, 바다에서 일어난 아픔과 희생을 통해 발전해왔다. 어떻게 보면 보험과 바다는 떼려야 뗄 수 없는 관계다. 바다에서 나온 보험이고 바다와 함께 성장해온 보험이다.

대한 희토류 독립 만세

4차 산업의 비타민, 희토류

우리는 보통 새해 업무를 시무식이나 신년 인사회로 시작한다. 이와 비슷하게 세계 가전家電 업계는 매년 1월 미국에서 열리는 'CES'라는 전시회로 새해를 시작한다.

2023년에는 1월 5일부터 8일까지 미국 라스베이거스에서 CES가 개최되었다. CES는 'Consumer Electronics Show'의 약자다. 우리말로 하면 '소비자 가전 박람회' 정도가 될 것이다. 이 전시회는 '시작은 미미하나 끝은 창대하리라'는 말이 딱 들어맞게 처음에는 1967년 미국 소비자기술협회CTA, Consumer Technology Association 주관으로 뉴욕에서 소소한 가전제품

출품 전시회로 시작했다. 그런데 미국의 가전 소비 비중이 월등하다 보니 이제는 미국을 넘어 세계 최대의 가전제품 박람회로 자리매김했다. 이 전시회를 통해 가전제품의 트렌드는 물론 미래를 엿볼 수 있다.

2023년 전시회에서는 가전제품부터 자동차, 선박에 이르기까지 우리 생활의 모든 것이 전자 제품이 되는 시대가 다가왔음을 실감하게 했다. 2023년 전시회 여러 테마 중 가장 눈에 띄는 것은 'Mobility of Land, Air & Sea'로, 앞으로 다가올 미래 사회 우리 생활의 일단을 엿볼 수 있었다.

그런데 이러한 자율주행과 첨단 선박의 미래를 가능하게 하는 데에는 반도체가 필수다. 그리고 반도체 산업에는 당연히 희토류가 필수다. 우리 몸은 많은 영양소를 필요로 한다. 그중에서도 비타민 C가 부족하면 우리 몸은 바로 괴혈병에 걸린다. 우리 몸의 비타민 C 같은 역할을 하는 것이 바로 4차 산업의 희토류다. 희토류 없는 4차 산업은 그야말로 사상누각과 같다. 그러나 안타깝게도 우리나라는 반도체 산업에 필요한 희토류를 모두 수입에 의존한다. 세계 희토류 공급 시장은 중국과 남미의 볼리비아 등 몇몇 국가가 독과점하고 있다. 특히 중국의 희토류가 품질이 좋아 세계 시장을 석권하고 있는 형편이다.

바다 광산과 네모 선장의 후예들

이웃 일본도 우리의 사정과 비슷하다. 일본은 중국과의 센카쿠열도(중국은 댜오위다오라 부른다) 분쟁으로 희토류 수급의 심각성을 절감한 바 있다. 그래서 해결 방안을 찾은 것이 바로 바다다. 일본은 2024년부터 태평양 6,000미터 심해저에서 희토류를 채굴하는 것을 국가적인 프로젝트로 삼았다. 희토류 독립을 육지가 아닌 바다에서 이루고자 한 것이다. 바다 광산에서 희토류를 채굴해 4차 산업을 뒷받침하고자 하는 것이 일본의 목표다.

바다 광산에서 자원을 채굴하는 것은 우리 인류가 제법 오래전부터 상상해오던 것이었다. 공상과학소설의 선구 작가로 꼽히는 프랑스의 쥘 베른Jules Verne이 1870년에

쓴《해저 2만 리》에는 이미 바다 밑 광산에서 자원을 캐는 이야기가 나온다. 어릴 적《해저 2만 리》에 나오는 네모Nemo 선장과 그의 잠수함 노틸러스Nautilus호 이야기는 바다에 대한 호기심과 상상의 나래를 키워주기에 충분했다. 그가 상상했던 잠수함과 우주선은 이제 상상 속에서 걸어 나와 우리들

그림 1-2 《해저 2만 리》 네모 선장과 잠수함 노틸러스호

의 눈앞에 와 있다.

미국의 최초 원자력 잠수함의 이름이 노틸러스호인데, 바로 이 네모 선장의 잠수함 노틸러스호에서 따온 것이다. 그런데 재미있는 것은 이 선장 이름 네모의 뜻이 '이름이 없다'라는 의미다. 우리말로는 '무명씨無名氏' 정도로 해석이 된다. 2003년 어린아이들에게 선풍적인 인기를 끌었던 애니메이션 〈니모를 찾아서Finding Nemo〉의 물고기 이름 니모도 여기에서 나왔다. 시대를 떠나 어린이들에게 사랑받는 네모다.

그동안 우리나라도 해양과학기술원KIOST을 중심으로 망간단괴와 망간각 등 희토류가 매장되어 있는 남·서태평양 심해저 광구 11만 제곱킬로미터를 확보하기 위해 노력해왔다. 통상 심해저는 500미터 이하를 의미하는데 이러한 심해 자원은 500~6,000미터 깊은 바다에 존재하고 있다. 오랫동안 수많은 시행착오를 거쳤지만, 결국 남태평양에 위치한 클라리온 클리퍼턴Clarion-Clipperton 해역인 C-C 해역에 해저 광구를 확보하는 데 성공했다. 그리고 2010년부터 시작해서 2016년까지 5곳의 광구를 등록했다. 그 분포도 남·서·북쪽에 있는 태평양 4곳과 인도양 1곳으로 다양하다.

바다 밑 심해저에는 활화산 형태의 모습, 즉 열수광상熱水鑛床이 많이 있다. 이런 열수광상에는 화산에서 마그마가 분출되듯이 끊임없이 지구 중심으로부터 희귀 금속 물질인 망간, 니켈, 크롬, 리튬 등 소위 희토류가 뿜어져 나온다. 이러한 뜨거운 희토류 물질이 차가운 바닷물과 접촉하면 바로 굳어지게 되는데, 이렇게 굳어진 것을 '망간단괴' 또는 '망간각'이라 부른다. 그리고 여기에서 30여 종의 다양한 희토류가 추출된다.

그동안 정부와 해양과학기술원 등이 지속적으로 투자해 우리나라도 기술적인 측면에서는 어느 정도 안정 단계에 들어섰다. 관건은 경제성과 국가정책에서 우선순위에 두는 것이다. 이렇게 하면 4차 산업에 필수 불가결한 희토류 독립을 바다에서 이룰 수 있다. 일본은 2024년부터 바다에서 희토류 생산을 하고자 박차를 가하고 있다. 우리가 일본보다 늦을 이유가 없다.

'바다로 세계로 미래로'라는 기치를 들고 해양수산부가 1996년 발족했다. 이제 한 세대가 다 되어 가고 있다. 성과를 내야 할 때다. 육지에서는 무슨 일이 있어도 불가능한 희토류 독립이다. 희토류 독립을 바다에서 이루어 낸다면 굳이 강조하지 않아도 해양수산부의 중요성, 바다의 가치를 모든 국민이 인식하리라 생각한다.

바다에서 이룬 희토류 독립은 진정한 바다 가치의 실현이자 우리나라가 진정한 해양국으로 자리매김하는 계기가 될 것이다. 이런 의미에서 바다는 진정한 '블루 오션blue ocean'이다.

"대한 희토류 독립 만세!"

양키는
해적 선장의 이름

양키의 신분 상승

한때는 지구촌 곳곳 여러 나라에서 미국인이나 미군을 물러가라는 의미로 "양키 고 홈!Yankee go home!"을 외치는 데모가 끊이지를 않았다. 우리나라도 예외가 아니었다.

그런데 왜 미국과 미국인을 양키라고 불렀을까? 의외로 '양키Yankee'라는 말은 바다의 해적선에서 유래된 것으로 알려져 있다. 콜럼버스의 신대륙 발견 이후 스페인과 포르투갈이 바다를 주름잡던 시절, 잘 만들어진 튼튼한 배와 뛰어난 항해술은 국가 최고의 자산이자 전략이었고 국방력이었다. 이러한 대항해 시대에 신대륙과 카리브해 인근에서 활동하던 해적선 중 악랄하기로 소문난 해적선의 선장 이름이 바로 양키 선장Captain Yankee이었다.

한편으로 미국 동부에 있던 영국의 초기 식민지 뉴잉글랜드 지역에 살던 원주민 부족의 이름이 양키였다는 것에서 유래되었다는 이야기도 있다. 또 17세기 미국 동부, 특히 지금의 뉴욕 지역인 뉴암스테르담을 장악했던 네덜란드 사람들이 가장 많이 사용하는 이름이 '얀Jan'과 '키스Kees'였는데 이를 합쳐서 영국인들이 조롱 섞인 의미로 부르면서 시작되었다는 유래도 있다.

여하튼 바다에서 나온 이 말은 당초 영국인들이 신대륙인 미국 식민지 사람들을 경멸하는 말로 사용했다. 그리고 남북전쟁 중에는 남부군들이 북부군들을 조롱하는 의미로 사용했고, 제2차 세계대전 중에는 독일군이 미군을 조롱하는 의미로 양키라고 불렀다. 이렇든 저렇든 간에 조롱이나 얕잡아 부르는 호칭임에는 틀림이 없다. 그런데 이제는 미국인을 상징하는 용어로 변화했다. 참으로 세상은 알다가도 모를 일이다.

이 양키라는 말이 사용되는 곳도 다양하다. 전 세계를 휩쓸었던 양키 룩look은 1950년대부터 미국에서 시작한 스타일로, 발랄하고 도회적인 모습의 젊은이들의 옷을 가리킨다. 양키 본드bond나 양키 시디CD처럼 금융 분야에 사용되기도 한다. 외국인들이 미국 시장에서 발행하거나 판매하는 CD나 채권에 양키라는 이름을 붙여 부른 것이다. 요즘에는 향기 나는 향초나 방향제를 판매하는 양키 캔들이라는 향초 회사까지 있을 정도다. 이처럼 양키는 이제 조롱이나 비하의 의미가 아닌 통상적인 미국의 대명사가 되었다. 이쯤이면 그야말로 신분 상승한 양키가 아닐 수 없다.

'양키 Go Sea'

현재 뉴욕의 원래 도시 이름은 뉴암스테르담이었다. 17세기 당시 세계 해양을 주름잡던 네덜란드의 북미 지역 활동 거점이 바로 뉴욕, 그러니까 뉴암스테르담이었다.

17세기 후반 영국과 네덜란드 간의 세계 무역을 두고 벌어진 영란전쟁英蘭戰爭에서 당시 해양 왕국이던 네덜란드가 패배했다. 그 대가로 북미 식민지에서 철수하게 되고 승전국인 영국이 뉴욕을 차지하게 되면서 뉴암스테르담이 졸지에 뉴욕으로 바뀌었다. 영국이 북미에서 주도권을 완전히 굳히게 되는 계기가 되었던 전쟁이 영란전쟁이다.

네덜란드의 신대륙 거점이었던 뉴암스테르담, 즉 뉴욕을 연고지로 하는 미국 메이저리그의 프로야구단 이름이 뉴욕 양키스다. 신대륙의 대서양 관문이 뉴욕이라는 점에서 당연한 이름이기도 하지만 역사적으로도 의미가 있는 구단 이름이다. 물론 뉴욕 양키스 구단의 명칭이 창단하면서부터 그랬던 것은 아니다. 처음에는 홈구장이 높은 고지대에 위치하고 있어서 뉴욕 하이랜더스High Landers라 불렸다. 그러다 1913년 홈구장을 저지대로 옮기면서 이름이 걸맞지 않았기에 양키스라는 이름을 사용하게 되었다.

그동안 수백 년에 걸쳐 바다가 아닌 육지의 금융과 스포츠 분야에서 왕성하게 활동했던 해적선의 양키 선장을 이제는 원래의 고향인 바다로 돌려보내 줘야 할 때다. '양키 Go Home'이 아니고, '양키 Go Sea'다.

발명왕 에디슨과 바다

벤처 정신의 뿌리, 에디슨

"천재는 99%의 노력과 1%의 재능으로 이루어진다." 이 말은 발명왕 에디슨이 남긴 명언 중의 명언이다. 이 명언은 모든 사람은 타고난 재능이 아닌 후천적인 노력이 중요하므로 교육에 열을 올려야 한다는 교훈을 준다.

에디슨(1847~1931년)은 어려서부터 엉뚱한 짓을 많이 하는 까닭에 정규 학교를 3개월밖에 다니지 못했다. 요즘 말로 튀는 학생 중 하나였고, 학교생활에 적응하지 못한 적응 불량 학생이었던 셈이다. 그러나 그는 자신의 말 그대로 피나는 노력을 통해 축음기, 전화기, 백열전구, 영사기 등 불후의 발명품을 만들어 냈다. 그뿐 아니라 무려 1,093개의 발명 특허를 가지고 있는, 말 그대로 발명왕이 되었다.

이렇게 에디슨이 발명한 백열전구를 상업화하기 위해 1881년 설립한 회사가 에디슨전등회사Edison Lamp Company다. 그리고 이 회사가 바로 현재까지도 세계적인 명성을 떨치고 있는 미국의 제너럴 일렉트릭GE, General Electric으로 이어졌다. 그런데 재미있는 것은 인류 문명에 이렇게도 많은 기여를 한 에디슨이 노벨상은 받지 못했다는 사실이다. 그러고 보면 상복과 상 받는 사람은 따로 있는 모양이다. 사실 에디슨의 위대함은 수많은 발명품을 발명해냈다는 것에만 국한되지 않는다. 현재 미국의 실리콘밸리로 대표되는 벤처기업의 정신과 뿌리가 바로 에디슨으로부터 시작되었기 때문이다.

에디슨이 발명품을 쏟아낼 당시 그의 발명품은 상업적인 성공과는 거리

그림 1-3 1879년 에디슨이 최초로 개발에 성공한 전구

가 먼 제품들이거나 지나치게 시대를 앞서는 것들이 대부분이었다. 하지만 에디슨은 자신만의 아이디어와 과감한 투자로 발명품들을 상업적으로도 성공시키고자 노력했다. 이러한 전통이 현대의 실리콘밸리에 이어져 미국의 창업 정신이 되었다. 그리고 이것은 곧 미국의 강점으로 발돋움했다. 출발은 빈손이었지만 자기 자신의 아이디어로 신기술을 발명하고 상업적으로도 성공을 거둔 에디슨은 무에서 유를 창조한 벤처기업의 정신을 잘 보여준다. 지금으로 보면 공룡기업이지만 19세기 말 설립 당시에는 GE도 벤처기업이었고 스타트업startup 기업이었다.

벤처라는 말은 바다와는 떼려야 뗄 수가 없다. 벤처venture 또는 어드벤처adventure는 통상 리스크를 동반하는 모험을 의미하는데, 벤처의 대표적인 것이 망망대해를 처음으로 항해하는 것이기 때문이다. 앞에서 살펴보았듯, 리스크란 '한 번도 가 보지 않은 바다를 처음으로 항해한다'는 뜻이다. 이런 점에서 벤처와 리스크는 손등과 손바닥 같은 것이기도 하다.

리스크를 얼마나 잘 분석하고 관리할 수 있는지가 벤처기업의 성공 비결이고 보면, 한 번도 가 보지 않은 바다를 항해하기 위해 꼼꼼하게 준비하는 선원들의 모습에서 벤처기업가들의 모습이 겹쳐 보인다. 그러고 보면 에디슨의 벤처 정신은 바다에서 나온 것이다.

독일 유보트를 잡아라!

이러한 천재적인 재능의 에디슨에게 제1차 세계대전 중 미국 정부가 도움을 요청하게 된다. 바로 제1차 세계대전의 분수령이 되었던 독일의 잠수함 기습 공격에 긴급하게 대응해야 했기 때문이다.

당시 독일은 잠수함 유보트U-Boat를 활용해 군함은 물론이고 일반 상선까지 공격했다. 그리고 이것이 결국 미국이 제1차 세계대전에 참전하게 되는 계기가 되었다. 이에 따라 미국 정부는 독일의 잠수함 등을 탐지할 수 있는 무기를 개발하고자 했고, 이것을 에디슨에게 요청했던 것이다. 에디슨도 이에 적극 호응했다. 1915년 에디슨을 위원장으로 하는 해군자문위원회Naval Consulting Board가 구성되어 11만 건의 국민제안을 받았다. 이

그림 1-4 독일 유보트의 모습(1945년)

를 바탕으로 에디슨이 중심이 되어 해군 무기 체계와 개발을 연구하는 조직인 '해군연구소'를 발족했다. 이 해군연구소에서는 그동안 과학적인 단계에 머물러 있던 수중 음파탐지 기술인 소나SONAR나 레이더 등 독일 잠수함 유보트를 탐지할 수 있는 첨단 장비와 무기들을 개발해 미국 해군의 독일 잠수함 대응 능력을 한 차원 업그레이드했다.

역시 에디슨다운 발명이고 기여다. 천재적인 재능을 발휘해서 독일을 결국 패전으로 몰아넣었으니 말이다. 이렇듯 에디슨은 상업적인 분야만이 아니라 무기 분야에서도 첨단 장비를 개발해 미국이 군사적으로 우위에 서는 데 크게 기여했다.

제1차 세계대전이 독일의 패망으로 막을 내리면서 그 이후의 국제질서를 다룬 것이 1919년 6월 28일 프랑스 파리에서 체결된 베르사유조약이다. 이 조약의 주요 내용 중 하나가 '독일은 향후 잠수함을 보유하지 않는다'는 것이다.

유보트를 통해 연합국을 코너에 몰아넣었던 독일이 유보트로 인해 미국의 참전을 가져오게 되고 결국 패망의 길을 걷게 되었다. 역사의 아이러니가 아닐 수 없다. 그 아이러니의 중심에 발명왕 에디슨과 바다가 있다.

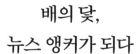

배의 닻,
뉴스 앵커가 되다

앵커의 역할

아나운서는 남녀노소 누구에게나 선망되는 직업 중 하나다. 전 국민이 보고 있는 방송에서 듣기 좋고 명확한 목소리로 소식을 전하는 아나운서는 단연 돋보일 수밖에 없다. 그런데 어느 때부터인가 이 아나운서를 캐스터라고 하더니 요즘은 앵커라는 말을 자주 사용한다. 특히 일반적인 방송 프로그램이 아닌 뉴스의 진행자를 앵커라고 호칭한다. 단순히 뉴스 원고를 읽는 것이 아니라 자기의 의견이나 방송사의 시각을 뉴스에 불어 넣는 역할을 해서 앵커라고 부르는 것이다.

이 앵커는 배에서 사용하는 닻anchor과 같은 의미다. 무슨 연유로 바다에서 배의 중심을 잡아 주는 닻이 뉴스 프로그램을 진행하는 진행자의 호칭으로 탈바꿈하게 되었을까? 여기에는 닻의 기능과 관련이 있다. 배에 달려 있는 무거운 닻이 바다에서 배의 중심을 잡아 표류하지 않게 해주는 것처럼, 앵커는 뉴스 프로그램이 잘 진행되도록 방송의 중심을 잡아 주는 역할을 한다. 요즘의 뉴스는 그 내용만 전달하는 것이 아니라, 초대 손님을 불러서 대담도 하고 현장의 기자들을 연결해 생방송을 하기도 한다. 즉, 앵커는 단순히 뉴스를 전달하는 전달자가 아니라 뉴스 프로그램을 진행하는 코디 겸 진행자라 할 수 있다. 그래서 뉴스의 중심인 앵커에 따라 그 방송 뉴스의 질이나 격이 달라지는 사례를 많이 볼 수 있다.

이런 의미에서 보면, 우리나라 방송에 있어서 본격적인 앵커의 시대는 방송인 봉두완 씨가 열었다고 볼 수 있다. 그는 이전의 아나운서들과는 완전히 다른 형태, 말 그대로 뉴스 진행자 역할을 했다. 다시 말해 뉴스 전달자가 아닌 앵커였다.

엠시와 앵커 슙

일반 연예 프로그램은 진행자의 영향이 절대적인 경우가 많다. 진행자에 따라서 시청률이 하늘과 땅을 오가기도 한다. 우리는 일반 연예 프로그램 진행자를 뉴스 앵커와 달리 엠시MC, Master of Ceremonies라고 부른다. 이는 어떤 행사나 의식을 진행하는 주관자를 가리키는 말로 앵커와 매우 유사하다. 엠시도 앵커와 마찬가지로 출연자나 인터뷰 대상이 말을 잘하도록 유도하거나 이끌어 주는 역할을 하기 때문이다.

앵커에서 파생된 말 중 앵커 숍anchor shop이라는 말이 있다. 새로운 지역에 진출할 때 상품을 전시하거나 판매하기 위해 처음 개점하는 상점을 일컫는다. 사람을 처음 만날 때 첫인상이 중요하듯이, 새로운 상품을 가지고 새로운 시장을 개척할 때 가장 중요한 건 앵커 숍이다. 앵커 숍은 배의 닻과 마찬가지 역할을 한다고 볼 수 있다. 새로운 지역이라는 망망대해에서 흔들리지 않게 중심을 잡아 주는 역할을 하기 때문이다. 튼튼한 닻을 달고 있는 배가 파도나 조류에 휩쓸리지 않는 것처럼, 건실한 앵커 숍을 가지고 있는 회사가 낯선 환경에서도 잘 정착하고 성장할 수 있는 것은 당연하다.

그러고 보면 매일 우리가 뉴스를 보고 연예 프로그램을 즐기는 것은 우리도 모르는 사이에 바다와 배의 닻을 보고 있는 것과 같다. 망망대해에서 닻은 최후의 보루이고 생명줄이다. 우리들의 마음속에도 든든한 닻 하나씩은 가져 보자.

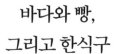

바다와 빵,
그리고 한식구

빵은 빵이다

우리나라 사람들도 요즘은 밥 못지않게 빵을 좋아하고 즐겨 먹는다. 빵은 스페인이나 포르투갈에서도 빵이라 부른다. 빵이라는 단어가 발음 그대로 포르투갈어에서 유래되었기 때문이다. 포르투갈 사람들이 처음 일본의 나가사키항에 도착했을 때 항해용 식량이던 딱딱한 빵을 먹으며 '빵'이라고 불렀는데, 이것을 본 일본인들이 포르투갈 선원들이 부르던 그대로 '빵'이라고 했던 데에서 유래한다. 그리고 여기에서 전해진 빵 중 하나가 바로 카스텔라다.

우리나라와 일본, 대만 등 동아시아에서 인기 있는 카스텔라 빵은 본래는 콜럼버스의 신대륙 탐험을 후원했던 스페인의 이사벨라 여왕이 다스리던 카스티야 왕국에서 먹던 빵으로, 지금의 카스텔라와는 모양이나 맛이 매우 달랐다고 한다. 이 빵을 포르투갈 선원들이 가지고 와서 먹는 것을 보고 일본인 특유의 모방 정신을 발휘해 그대로 따라 만들었다. 그리고 여기에다 일본인의 입맛에 맞게 점차 우유나 설탕 등 여러 가지 첨가물을 넣으면서 현재의 카스텔라 빵이 되었다. 카스티야 왕국에서 유래된 빵이라 해서 '카스텔라'라 부른다는데, 아이러니하게도 지금의 스페인에서는 우리가 먹는 카스텔라와 같은 빵은 없다고 한다.

한솥밥 먹는 한식구는 운명 공동체

우리는 보통 가까운 사람들을 식구라고 부른다. 사전적 의미로는 한집에서 함께 살면서 끼니를 같이하는 사람을 일컫는다. 한솥밥을 같이 먹는 사람이라는 의미다. 그런데 사람의 생각은 생김새와는 다르게 비슷한지, 동양이나 서양이나 식사를 같이하는 사람의 의미가 같다. 동양에서의 식구食口는 밥을 같이 먹는 사람으로, 한식구는 어려움이나 즐거움을 같이하는 동반자다. 마찬가지로 서양에서도 빵을 함께 먹는 사람, 즉 밥을 같이 먹는 사람이 동반자다.

영어의 동반자라는 단어는 companion인데 직역하면 빵을 같이 먹는 사람들이란 뜻이다. 그리고 이렇게 빵을 같이 먹는 사람들이 모인 조직이 바로 회사company다. 다시 말해 동반자companion가 모여 있는 조직이 바로 회사company인 것이다. 이런 의미대로라면 사용자와 근로자는 같은 지붕에서 같은 밥을 먹으며 회사의 발전을 위해 함께 노력해야 한다. 그리고 노사는 적대적이어서는 안 된다. 한솥밥을 먹는 운명 공동체이기 때문이다. 최근의 우리 노사관계를 보면 여러 가지를 생각하게 만드는 의미다.

같은 맥락으로 성경에 나오는 성찬communion이나 소통을 의미하는 communication도 바로 빵을 봉헌하는 것에서 나왔다. 그러고 보면 먹는 문제에서 참으로 많은 것이 파생되어 나왔다. 하기야 세상의 일 중에 먹는 것만큼 중요한 것이 또 있을까. 인류의 역사는 먹는 것에서부터 시작되었다는 말도 있지 않던가.

제42대 미국 대통령 빌 클린턴이 대선 캠페인을 벌일 당시 사용했던 '바보야, 문제는 경제야!It's the economy, stupid!'라는 슬로건도 사실 먹는 문제를 정면으로 이슈화한 것이다. 그리고 이것으로 결국 대선에서 승리했다. 그렇다. 정치와 경제에 있어서 가장 중요한 것은 바로 먹고사는 문제다. 굳이 따지자면 빵이냐 밥이냐의 차이가 있을 뿐이다.

빵과 요구르트

빵에서 나온 말은 여러 곳에서 발견된다. 귀족이나 영주에게 존경의 칭호로 붙이는 '경卿'을 나타내는 'lord'는 중세 시대에 빵을 배급하고 관리하던 사람에서 유래되었다. 그리고 귀족의 부인을 의미하는 '레이디lady'는 바로 중세 시대 빵을 반죽하고 만들던 여성에서 유래되었다. 중세 농노 시대에 먹는 것은 가장 중요한 것이었다. 그만큼 빵을 만들고 관리하고 나누어 주는 것이 바로 권력이자 힘이었다.

빵과 궁합이 잘 맞는 것으로 요구르트가 있다. 남녀노소 누구나 다 좋아하는 이 요구르트는 몽골의 후예인 터키(지금의 튀르키예)의 '요우르트jo'urt'에서 나왔다. 이 말은 '휘젓다'는 의미로, 우유나 양젖을 저어서 굳게 만들어 먹었던 데에서 유래한다. 원래 요구르트는 유목 생활하는 유목 민족들이 즐겨 먹던 건강식 유제품이었다. 이것이 불가리아 등으로 넘어가게 되고, 이후 유럽과 전 세계로 전파되었다. 지금은 불가리아가 요구르트로 더 유명하고, 나아가 요구르트의 원조로 대우받고 있다.

요구르트가 널리 알려지게 된 것은 1919년 스페인 바르셀로나에서 아이작 카라소Isac Carasso가 아들 다니엘Daniel의 이름을 따서 '다농Danone'이라는 요구르트 가게를 차리게 된 데에서 시작한다. 이 가게가 점차 성장해 1929년에는 이웃 나라 프랑스에 진출하고, 1942년에는 소비의 본고장 미국 뉴욕에까지 진출했다. 그야말로 요구르트의 산업화와 세계화를 성공적으로 이루게 된 것이다. 이것이 바로 현대 우리가 먹는 요구르트다.

바다가 전해준 빵의 다양한 모습이다.

바다가 만든
햄버거와 케첩

배를 타고 넘어간 햄버거

패스트푸드fast food의 대표 선수를 꼽으라면 단연 햄버거hamburger가 선두 주자 아닐까 싶다. 외국의 패스트푸드가 우리나라에 막 소개된 초창기에 햄버거는 아무나 먹을 수 없는 귀한 음식이었다. 물론 이제는 남녀노소 누구나 편하게 즐길 수 있는 음식이 되었지만 말이다. 그런데 놀랍게도 햄버거는 이름에서 연상되는 것과는 다르게 돼지고기와는 아무 관계가 없다. 더 나아가 햄버거의 조상은 의외로 유럽이 아닌 몽골이다.

다 아는 것처럼 몽골은 말을 여러 마리씩 몰고 다니면서 정복 전쟁을 했다. 말은 스스로 걷고 뛰는 동물이라 별도로 운반하지 않아도 되고 필요하면 갈아탈 수도 있었다. 먼 거리를 이동해서 정복 전쟁을 하는 몽골군에게 안성맞춤이었던 것이다. 이들은 식량이 떨어지면 데리고 다니던 말을 죽여서 식량을 보충하곤 했다. 그런데 이 익히지 않은 말고기를 잘라서 말안장 밑에 넣어 두고 이동하다 보면, 말의 체온과 말안장의 압력을 받아 적절하게 부드러워지면서 숙성까지 되어 아주 맛이 좋았다. 유럽인들이 이것을 몽골인들이 먹는 고기라 해서 타르타르스테이크tartar steak라 불렀다.

당시 유럽에서는 몽골 사람들을 타르타르라 불렀는데, 이는 그리스 신화에서 지하세계이자 지옥을 일컫는 타르타로스tartaros에서 나온 말이다. 당시 몽골군은 유럽인들에게 말고기를 날것으로 먹으며 인정사정없이 유럽을 점령하는 공포의 군대였다. 타르타르라는 말 그대로 지옥에서 온 야수와 같았던 것이다. 얼마나 몽골군이 흉포했으면 지옥에서 나온 군대라고 불렀겠는가. 당시 유럽이 몽골의 침입에 대해 가졌을 공포감과 좌절감이 그대로 전해지는 말이다.

이 타르타르스테이크는 몽골의 지배를 오랫동안 받았던 러시아를 거쳐서 동유럽의 헝가리, 그리고 독일 등에 전파되었다. 지금도 이 지역에서는 말고기는 아니지만 숙성된 소고기로 만든 스테이크를 먹는다. 이것이 타르타르스테이크다.

이 당시 몽골, 즉 타르타르로부터 모스크바를 지켜내 지금의 러시아를 있게 한 사람이 바로 모스크바 대공 드미트리 돈스코이Dmitri Donskoi다. 20세기 초 러일전쟁에서 패한 러시아 해군의 발트함대 소속 함정으로, 블라디보스토크로 피항을 하다가 울릉도 인근 바다에서 자폭해 침몰한 돈 스코이호가 바로 그의 이름을 따서 지은 배다.

여하튼 이 타르타르스테이크는 발트해를 통해 러시아와 교역이 빈번하던 독일의 항구도시 함부르크로 전파되어 소고기를 구운 형태의 새로운 타르타르스테이크로 변형되었다. 당시 항만 노무자들이 비싼 소고기를 먹을 수 없어 질 낮은 소고기를 잘 양념하고 숙성시켜서 지금의 햄버거와 비슷한 형태로 간단하게 조리해 먹었다. 이 새로운 스테이크가 1850년경 독일 함부르크에서 미국으로 배를 타고 건너간 독일 이민자들에 의해 미국에 전파되었다. 그리고 독일의 함부르크항에서 시작된 음식이라는 의미에서 햄버그스테이크로 불리게 되었다. 돼지고기 한 점 들어가 있지 않은 햄버거에 '햄ham'이라는 말이 붙은 이유다.

1904년 세인트루이스에서 개최된 만국박람회 당시 입장을 위해 긴 줄을 서야 했던 관람객들에게 상황과 필요에 딱 맞는 음식이 현재의 햄버거 형태였다. 이렇게 판매된 햄버거가 인기를 끌면서 미국 음식 햄버거로 재탄생되었다. 이후 미국의 고속도로가 개통되고 콜라와 햄버거가 패키지로 판매되면서 그야말로 미국을 대표하는 음식으로 자리매김하게 된 것이다.

이렇게 몽골인들에게 육지의 배였던 말에서 태어난 말고기 타르타르스테이크는 항구도시 독일 함부르크항을 거쳐 미국으로 배를 타고 넘어가 햄버거가 되었다.

바다에서 나온 소스, 케첩

햄버거 하면 감자칩이 떠오르고, 감자칩 하면 무엇이 연상되는가? 아마도 감자칩 하면 자연스럽게 케첩이 연상되지 않을까. 그리고 케첩 하면 붉은색 토마토케첩을 떠올리지 않을까.

그런데 놀랄 만한 사실은 이 케첩의 원조가 바다에서 왔다는 것이다. 또원래의 케첩은 토마토로 만든 것이 아니었다. 우리에게 익숙한 빨간 토마토케첩은 20세기가 되어서야 미국에서 나왔다. 케첩의 원조는 놀랍게도중국이고, 그것도 바다에서 나왔다. 케첩은 중국 남부 지역의 바닷가에서먹던 생선 소스 '키치압Ki Tsiap'이 동남아로 전해진 뒤 네덜란드 선원들에의해 유럽으로 전파된 것이다. 원래 유럽은 제대로 된 고유의 음식 소스가많지 않았기에 중국의 생선 소스는 상당한 반향을 일으켰다. 원래의 케첩은 이렇게 음식의 소스로 사용되는 것을 통칭하는 것이었다. 이것을 유럽에서 수산물 베이스로도 만들고, 버섯이나 호두 등을 이용한 소스로도 만들었다.

케첩의 종류는 매우 다양해서 양송이 케첩, 호두 케첩, 카레 케첩, 바나나 케첩 등의 케첩이 있다. 실제로 영국에는 지금도 버섯으로 만든 버섯케첩이나 호두 등 견과류로 만든 견과류 케첩이 사용되고 있다. 케첩은 동서양 식품 문화의 혼합물이고 역수입된 사례의 대표적인 식품이다. 태어난 곳 아시아에서 유럽으로 소개되고, 이어 다시 미국으로 건너가 환골탈태換骨奪胎한 후에 다시 고향인 아시아로 역수입된 사례인 것이다. 동양과 서양, 구대륙과 신대륙 간 음식의 이종교배의 한 모습이랄 수 있다.

우리에게 익숙한 토마토케첩은 19세기 후반 케첩이 유럽에서 미국으로 전해진 후, 미국의 하인즈Heinz라는 식품 회사가 신대륙에서 많이 생산되던 토마토를 베이스로 현재와 같은 붉은색 케첩을 만든 것이 그 시작이다. 이 토마토케첩이 박람회 등 대규모 행사가 많이 개최되는 미국에서 인기를 끌게 된 햄버거와 함께 히트를 치면서 전 세계에 유행하게 되었다.

이쯤 되면 이제 케첩 하면 토마토가 아닌 바다를 생각해야 하지 않을까!

같은 맥락으로 일본의 콩 간장인 '쇼유'는 일본이 네덜란드에 개항했던 나가사키항의 데지마出島를 통해 유럽으로 전해졌다. 그리고 유럽 전역에서 콩 간장 소스인 소이소스soy sauce로 인기를 끌게 되었다. 지금도 이 소이소스는 음식 맛을 내는 데 있어서 필수 재료로 사용될 정도다.

이처럼 동양과 서양이 서로 주고받아야 진정한 세계인의 음식 문화가 완성되는 모양이다. 그런 면에서 최근 우리나라 김이 우리나라 음식K-food의 대표주자로 서양 사람들에게 큰 인기를 끌고 있는 것은 환영할 만한 일이고 당연한 일이다.

뜬금없이 햄버거와 케첩에서 만나게 되는 바다다.

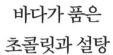

바다가 품은
초콜릿과 설탕

초콜릿의 변신

달콤함의 진수를 꼽으라면 과거에는 꿀이었고, 지금은 초콜릿이 아닐까 싶다. 꿀은 설탕이 나오기 이전 자연에서 얻을 수 있는 최고로 달콤한 음식이었다. 동양과 서양을 막론하고 꿀은 자연이 우리에게 준 귀한 선물이다. 성경에서도 꿀 이야기를 여러 곳에서 볼 수 있다. 초콜릿은 꿀과는 조금 다른 차원의 달콤함이다. 여기에는 낭만이 있고 젊음이 있다. 물론 상업적인 콘셉트에 우리가 영향을 받아서이기도 하지만 실제로도 그런 효과가 있다.

초콜릿의 원산지는 멕시코와 남미 아즈텍으로 알려져 있다. 초콜릿이란 말 자체도 멕시코의 원주민들이 카카오 열매로 만든 음료의 이름인 초콜라틀chocolatl에서 유래한다. 그런데 원래 초콜릿은 우리에게 익숙한 달콤한 맛이 아니라 다소 쓴맛이라 한다. 초콜릿의 원재료인 카카오 열매는 중남미 원주민들에게 강장제 음료나 약용으로 사용되던 것이다. 매우 귀했기 때문에 화폐의 역할을 하기도 했다. 마야인들이나 잉카인들은 카카오 열매를 빻아서 가루로 만들고 여기에 매운 고춧가루 등을 섞어서 맵고 쓴맛의 초콜릿 음료를 즐겼다고 한다.

이러한 카카오 음료를 처음 유럽에 소개한 사람이 콜럼버스다. 당시에는 주목을 받지 못하다가 1520년 아즈텍 왕국을 점령한 에르난 코르테스Hernan Cortes에 의해 유럽으로 본격 전파되었다. 코르테스는 이 카카오 열매를 유럽으로 가져와 스페인 왕실에 헌납했고, 이후 왕실과 귀족들이 카카오 열매로 만든 초콜릿 음료를 즐겼다. 이처럼 처음에는 왕족과 귀족들만 먹을 수 있는 매우 귀한 음료로 대접을 받았다. 이후 카카오 특유의 쓴맛을 중화시키고자 매운 고춧가루 대신 설탕이나 바닐라 등을 첨가해 달콤한 맛으로 변신하게 되었고, 이것이 프랑스와 이탈리아 등 유럽 왕실로 전파되어 유행하게 되었다. 그리고 점차 일반인들도 맛을 볼 수 있게 일반화되었다.

이런 과정을 거쳐 유럽인들의 입맛에 맞는 초콜릿으로 재탄생하게 되는데, 현재 우리가 즐기는 모습의 밀크 초콜릿은 스위스의 다니엘 피터스Daniel Peters가 1876년에 개발한 것이다. 스위스가 자랑하는 초콜릿 상표는 밀카Milka와 삼각형의 토블로네Toblerone다. 둘 다 우리에게 잘 알려진 슈 샤드Suchard 회사가 만들고 있다. 스위스 굴지의 식품 회사인 네슬레는 처 음에는 분유 회사에서 출발했지만, 지금은 네스퀵으로 유명한 초콜릿 제 조 회사이기도 하다. 지금도 스위스가 초콜릿 산업에서 강자인 것은 그 역 사와 전통에 바탕을 두고 있기 때문이다.

우리는 보통 초콜릿 하면 2월 14일 밸런타인데이Valentine Day를 생각한 다. 남녀가 사랑을 고백하며 달콤한 초콜릿을 선물하는 날이다. 하지만 원 래 밸런타인데이의 유래는 그렇지 않다. 로마 시대에는 전쟁에 출전하는 병사들에게 결혼을 금지했는데, 사랑에 빠진 남녀가 남자의 전쟁 출병으 로 결혼하지 못하게 되자 이를 안타깝게 생각한 발렌티누스 사제가 황제 몰래 결혼을 허락하고 주례를 섰다가 사형을 당한 날이 밸런타인데이다. 젊은 남녀의 사랑을 맺어 주기 위해 사제가 순교한 날인 것이다. 이후 유 럽에서 사랑하는 젊은이들이 이를 기념해 선물을 교환하고 사랑을 고백 하는 날이 되었다.

초콜릿을 선물로 주기 시작한 것은 유럽이 아니라 일본에서 시작되었 다. 일본의 한 초콜릿 회사가 자사 제품을 많이 팔기 위한 방법의 하나로 밸런타인데이에 초콜릿을 선물하는 것을 광고하면서부터다. 이러한 상술 이 우리나라에도 그대로 전파되어 젊은이들에게 널리 퍼지게 된 것이다.

흰 설탕의 검은 역사

꿀이 자연의 선물이라면 설탕은 우리 인류가 만든 선물이다. 지금은 설탕이 중남미에서 생산되는 사탕수수에서 만들어지기 때문에 사탕수수의 원산지가 중남미인 줄 알지만, 사탕수수의 원산지는 동남아 열대 지방에 위치한 인도네시아 근처의 섬나라 뉴기니다. 설탕의 주재료인 사탕수수가 동남아에서 인도를 거쳐 유럽으로 전파되었던 것이다.

처음에 설탕은 소량밖에 생산되지 않아 고가의 귀한 물건으로 취급되며 주로 약으로 사용되었다. 그러다가 1580년경 포르투갈이 식민지인 브라질에 사탕수수를 옮겨가 재배하면서 플랜테이션이 시작되었다. 브라질이 유럽인의 설탕을 공급하는 기지 역할을 하게 된 것이다. 그리고 서인도제도의 자메이카에서 영국이 사탕수수를 대규모로 재배하면서 자메이카가 브라질을 제치고 설탕의 주요 공급처로 부상하게 되었다. 그러고 보면 커피보다 150년이나 먼저 신대륙으로 건너간 것이 사탕수수다.

이러한 신대륙의 플랜테이션 농업에 힘입어 설탕은 점차 사치품에서 일용품으로 변신했고, 유럽의 일반인들이 즐기는 식료품으로 발전했다. 특히 사탕수수 농업에 적합한 카리브해에 위치한 서인도제도 지역은 설탕의 주요 공급처가 되면서 사탕수수 농장을 위한 인력의 수요가 폭증했다. 이에 따라 아프리카 흑인 노예가 대량으로 유입되면서 원주민인 인디언을 제치고 흑인이 대다수를 차지하게 되는 상황으로까지 이어졌다. 참고로 설탕을 만들고 난 사탕수수 찌꺼기로 만든 술이 바로 럼rum주다. 처음에 럼주는 흑인 노예들과 가난한 하층민들이 주로 마시던 저렴한 술이었다.

처음에 설탕은 사치품이자 고가의 재료였으므로 커피나 홍차에 설탕을 듬뿍 얹어서 먹는 것이 부의 상징으로 여겨지기도 했다. 지금도 홍차나 커피에 설탕을 타서 먹는 습관이 있는데, 이는 17세기 영국의 찰스 2세 왕비였던 캐서린이 설탕을 가득 넣은 차를 마시면서 유행이 되었다. 값비싼 설탕을 넣은 차를 마시는 것이 자신의 부를 보여주는 상징처럼 되었던 것이다. 남들이 하지 못하는 것을 할 수 있다는 자기과시랄까. 어쨌든 설탕이 부와 신분의 표시였던 셈이다.

설탕은 대항해 시대 무역과 자본주의 시작을 알리는 상징적인 품목이었다. 신대륙에서 흑인 노예가 필요한 이유는 여러 가지가 있었지만, 가장 큰 이유는 바로 설탕을 만드는 사탕수수 농장 때문이었다. 이 사탕수수를 수확하고 설탕을 만드는 과정은 노동집약적인 형태일 수밖에 없었다. 그 때문에 많은 흑인 노예들이 신대륙으로 팔려오게 되었다. 18세기 한창 노예무역이 성행할 당시 2~3파운드면 아프리카에서 노예 한 명을 살 수 있었다. 이를 신대륙에 데려와 팔면 30~40파운드 이상을 받았다. 10배 이상의 이익이 되는 장사였던 셈이다. 이렇게 팔린 노예를 플랜테이션 농장에서 사들여 노동력을 착취하면 1년 반 만에 본전을 뽑고도 남았다고 한다. 노예장사는 말 그대로 현금인출기ATM나 다름없었다. 노예무역선의 선장이었던 성공회 신부 존 뉴튼이 과거를 참회하면서 지었다는 〈어메이징 그레이스Amazing Grace〉노래가 이 시기에 나왔다.

달콤하고 흰 설탕에서 흑인 노예들의 햇볕에 그을린 검은 피부가 겹쳐 보이는 까닭은 무엇일까?

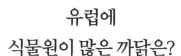

유럽에
식물원이 많은 까닭은?

식물원은 국력이다

유럽을 여행하다 보면 자주 보이는 것 중 하나가 식물원이다. 그것도 규모가 엄청나게 큰 것부터 작은 것까지 매우 다양하다. 유럽 여행 경험이 있는 사람은 누구나 한 번쯤, 왜 유럽에는 이렇게 식물원이 많을까 궁금했을 것이다. 유럽의 식물원은 자기 나라의 고유 식물은 물론이고 세계 각국의 다양한 식물을 키우고 전시한다. 그리고 또 유럽의 식물원에는 커다란 온실이 있기도 하고, 노천에 다양한 식물들이 살아 있는 그대로 전시되어 있기도 하다. 때로는 여기에다 자그마한 개천과 호수까지 겸비한 곳도 있다. 이러한 식물원은 관광객들과 자국의 시민들에게 공부의 장소가 되기도 하고 휴식과 사교의 장이 되기도 한다. 유럽의 식물원은 이처럼 실로 다양하게 활용된다.

그런데 유럽에 식물원이 많은 까닭은 무엇일까? 유럽인들이 식물을 특히 사랑하고 아끼기 때문일까, 아니면 또 다른 무슨 이유가 있는 걸까?

유럽 식물원은 식민지에서 가져온 유용식물과 특이한 식물을 키우고 보관하는 데에서부터 시작했다. 물론 이런 이유가 전부라고는 말할 수 없겠지만, 가장 큰 요인인 되었던 것은 틀림없다. 근대에 서양 제국들이 해외 식민지를 처음 개척할 때 해군 등의 군대를 필두로 사제, 과학자, 식물학자가 하나의 패키지로 함께했다. 자국의 이익을 위해 각자의 위치에서 그 역할을 충실히 했던 것이다.

이렇게 해서 아프리카가 원산지인 커피나무나 중국에서 몰래 가져온 차나무 등이 영국이나 프랑스의 식물원에서 키워졌다. 이 식물원에서 나중에 커피는 남미로, 차나무는 인도와 실론(지금의 스리랑카)으로 넘어가 커피와 차의 주요 산지가 되었다. 이러한 과정 속에서 조성된 것이 지금의 영국 런던의 큐Kew 가든이고 프랑스 파리의 오랑주리l'Orangerie 식물원이다. 현재 오랑주리는 미술관 역할을 하고 있지만, 이름 그대로 오렌지 나무를 키우던 오렌지 식물원이었다.

싱가포르와 튤립 광풍

싱가포르가 자랑하는 싱가포르 식물원Singapore Botanic Garden도 식민지 시대에 그 뿌리를 두고 있다. 영국의 동인도 회사 소속으로 근대 싱가포르의 토대를 닦은 영국인 스탬포드 래플스Stamford Raffles가 동남아의 향신료를 상업적으로 재배하기 위해 당시의 싱가포르에 있던 열대우림 지역을 활용해 식물원으로 개조한 것이 그 시작이다. 그런 이유로 현재의 싱가포르 식물원은 과거 싱가포르에 있었던 열대우림의 모습을 아주 조금은 엿볼 수 있다. 래플스는 식물학자였으므로 그의 전문적인 지식이 싱가포르 식물원 건설의 한 배경인 것만은 부인할 수 없다. 하지만 가장 큰 목적은 향신료와 고무나무를 상업적으로 활용할 수 있는 방법을 찾는 데 있었다.

또 1820년대 래플스는 싱가포르를 자유무역 지대로 만들고자 싱가포르에 대규모 항만을 건설하기 시작했다. 이것이 오늘날 싱가포르를 부국으로 만든 싱가포르항의 태동이다. 그 이전의 싱가포르는 열대우림으로 둘러싸인 작은 어촌에 불과했다. 항만 건설은 그야말로 상전벽해라는 비유가 어울릴 만큼의 큰 변화를 가져왔다. 이렇게 근대 싱가포르의 토대를 닦은 래플스를 기념하기 위해 싱가포르에는 래플스 이름을 붙인 건물이나 공원, 거리가 많다.

세계 식물원의 역사는 매우 오래되었다. 메소포타미아나 중국 등에서는 기원전까지 거슬러 올라갈 정도로 그 역사가 깊다. 종교적인 이유이든 왕실의 필요에 의한 것이든, 식물원은 왕실이나 귀족이 여흥을 즐기고 약재를 키울 목적으로 조성한 것이 그 시작이라 할 수 있다. 르네상스 이전의 유럽 식물원들은 이런 목적에 맞는 식물들을 재배하며 왕실이나 의과대

학의 부속 시설 역할을 했다.

현대적인 의미에서 본격적인 모습의 식물원은 대항해 시대 이후에 나타났다. 16~17세기 유럽은 아시아로부터 다양한 식물들을 수입하게 되는데, 대표적인 것이 터키(지금의 튀르키예)나 중동에서 들여온 구근식물(특히 튤립)이다. 튤립은 네덜란드를 비롯한 유럽에서 엄청난 인기를 끌었다. 16세기 말 네덜란드에서는 희귀 튤립에 대한 인기가 광풍처럼 휘몰아쳐 희귀 튤립의 구근球根 40여 개 가격이 당시 소 천 마리의 가격과 비슷했다고 한다. 이것이 그 유명한 튤립 광풍tulip bubble, tulip mania이다. 지금으로 보면 황당하기 그지없는 일이지만, 어쨌든 이런 광풍이 지속될 수는 없어서 곧 튤립 값 폭락이 일어났고, 말 그대로 패가망신한 사람들이 부지기수였다.

아름다운 튤립에 무슨 잘못이 있을까. 우리 인간의 마음속 과한 욕심이 문제지.

끝이 없는
컨테이너의 변신

컨테이너, 이상을 현실로

고속도로나 국도를 지나다 보면 한 번씩은 꼭 보게 되는 것이 커다란 사각형 박스를 실은 트럭들이다. 특히 항만도시 근처에 가면 이런 트럭들이 기다랗게 줄을 서서 기다리는 모습이 눈에 띈다. 트럭에 실린 사각형 박스는 기다란 것도 있고 그리 길지 않은 것도 있다. 그리고 표면에는 무슨 의미인지 알 수 없는 숫자와 해운선사 로고 같은 게 붙어 있고, 색깔도 다양하다. 부산항이나 인천항, 광양항 등의 항만에 가면 알록달록한 이 사각형 박스를 쉽게 볼 수 있다. 바로 컨테이너다.

컨테이너는 그 기능만큼이나 이제는 국제 해운 물류에 있어 없어서는

그림 1-5 컨테이너의 모습

안 되는 필수 존재가 되었다. 그런데 우리가 이 컨테이너를 물류나 일상생활 속에서 실제로 활용한 것은 생각보다 그리 오래되지 않았다.

원래 컨테이너를 이용한 운송은 1952년 미국의 말콤 맥린Malcom Mclean이 처음으로 시작했다. 맥린은 트럭 운전사 출신의 사업가였는데, 화물을 운송하는 중간중간에 내리고 올리는 데 소요되는 비용을 최소화하기 위해 컨테이너를 이용했다. 우문현답이라고 했던가. '**우리**의 **문**제는 **현**장에 **답**이 있다'는 소리가 딱 들어맞는 컨테이너 개발이다. 처음에는 익숙하지 않은 이 컨테이너를 아무도 이용하려고 하지 않았다. 당연한 이야기이지만, 전통적인 선박에 있어서 네모난 상자를 운송하는 것은 공간의 문제나 처리하는 데 있어서 매우 비효율적이었다. 그래서 맥린은 직접 이 박스에 맞춰 유조선을 개조했고, 마침내 1956년 이 개조한 선박으로 58개의 컨테이너를 싣고 미국 뉴저지에서 휴스턴까지의 수송에 성공했다. 이것이 컨테이너가 수송에 사용된 첫 사례다.

재미있는 것은 유조선을 개조한 그 배의 이름이 '아이디얼 엑스Ideal-X'라는 점이다. '이상적인 그 무엇'이라는 의미로 작명을 했을 텐데, 이름 그대로 물류에 있어서 이상적인 그 무엇 이상으로 혁명을 가져오게 되었다. 지금 컨테이너가 물류에 있어서 얼마나 핵심적인 역할을 하는지 맥린이 살아 돌아와서 보게 되면 어안이 벙벙할 정도로 놀라고 기뻐할 것이다.

베트남 전쟁이 발발하고 미군은 아열대 지역인 베트남에서 자주 내리는 비와 강한 햇빛으로 군수물자 수송에 큰 애로를 겪었다. 미군이 맥린이 만든 컨테이너의 효율성과 편리함에 눈을 돌리게 된 계기였다. 그 이후 미군이 가능한 모든 군수물자를 컨테이너에 실어 나르도록 유도하면서 컨테이너의 대중화가 급속도로 시작되었다.

우리가 많이 보는 컨테이너는 두 가지다. 하나는 40피트feet짜리 규격이고 그 반에 해당하는 작은 것이 20피트짜리 규격이다. 이는 모두 컨테이너의 길이를 의미한다. 즉, 40피트짜리는 길이가 약 13미터이고 높이와 폭은 8피트다. 20피트짜리도 길이만 다르고 높이와 폭은 40피트짜리와 동일하다. 컨테이너를 세는 단위는 티이유TEU인데 이는 20피트 컨테이너에 해당하는 단위, 즉 Twenty-Feet Equivalent Units라는 의미다. 최초에 맥린이 개발한 컨테이너의 크기가 20피트 사이즈였고, 이것이 세계 물류의 표준이 되었기 때문에 그렇게 된 것이다. 이러한 표준에 맞춰 컨테이너 전용 선박full container의 내부 슬롯slot이나 고속도로에서 한 번씩 보게 되는 기다랗게 생긴 컨테이너 운반용 트레일러가 제작된다.

요즘 나오는 초대형 컨테이너 선박은 24,000TEU짜리도 있는데, 이 선박에는 컨테이너 2만 4천 개를 실을 수 있다. 실로 엄청난 규모다. 이러한 선박은 배의 길이만 해도 3백 미터 정도로, 보통 사람이 힘껏 달려도 1분 정도 걸리는 길이다. 여기에 실리는 컨테이너 2만 4천 개를 일렬로 늘어놓으면 320킬로미터 정도 길이가 된다. 이는 대략 서울에서 부산까지의 거리가 되는 셈이니 눈으로 보지 않고는 상상이 되지 않을 정도로 큰 배인 것이다.

다시 맥린의 이야기로 돌아오면, 맥린은 컨테이너를 상업 운송에 활용하기 위해 해운 회사를 차리게 된다. 이 회사가 바로 세계 컨테이너 해운에 큰 족적을 남긴 미국의 '씨 랜드Sea Land'다. 이 해운 선사 씨 랜드는 컨테이너 운송을 목적으로 창업한 세계 최초 컨테이너 물류 선사다. 한때 미국을 대표하는 해운 선사로 세계 해운과 물류를 장악했고 우리나라에도 진출한 바 있다. 그러나 컨테이너 정기선 분야를 결국 유럽과 우리나라, 일본, 중국 등 아시아 선사들에게 내주게 되면서 1999년 덴마크의 해운 선사 머스크Maersk에 인수되었다. 현재 머스크는 세계 1~2위를 다투는 컨테이너 선사이고, 씨 랜드는 머스크 선사의 미주 지역 운송을 담당하는 자회사로 운영되고 있다.

컨테이너를 개발한 미국의 맥린이 존경받아야 할 점은 따로 있다고 생각한다. 바로 컨테이너를 공공재公共財의 하나로 생각해 특허를 등록하지 않았다는 사실이다. 사익을 추구하지 않은 그의 정신은 세계 물류의 혁명적인 혁신을 가져왔다. 맥린의 그런 정신은 세계 물류인들의 가슴에 영원히 살아 있을 것이다. 그가 만약 컨테이너를 특허로 등록해 개인적인 이익을 내는 사업으로 국한했다면 컨테이너는 일반화되지 못했을 것이다. 해운 물류에 있어서 큰 거인이며 존경받아 마땅한 맥린은 진정한 해운 물류인이다.

컨테이너의 변신은 무죄

최근 컨테이너의 다양한 활용은 우리의 상상을 뛰어넘는다. 농어촌에서 작업용으로 활용하는 컨테이너는 아주 흔하게 볼 수 있는 것이고, 간이 주거용 공간이나 놀이시설, 학원 등의 건축물에도 다양하게 활용되고 있다. 더 나아가 고품격의 주거 공간이나 예술품으로까지 그 영역을 확장하고 있다. 현재도 지속적인 변신 중에 있지만, 앞으로 무한한 변신과 활용이 더 기대된다.

향후 컨테이너는 이동성이나 경제성 면에서 볼 때 무한한 가능성이 엿보인다. 서울 광진구 광나루역 인근에는 컨테이너 박스로 된 멋진(?) 모습의 쇼핑 매장이 있는데, 이전에는 생각지도 못한 컨테이너의 화려한 변신이 아닐 수 없다. 우리나라처럼 주택 문제가 심각하고 민감한 나라에서는 신속하게 주택을 공급할 수 있는 저렴한 콤팩트 주거 수단으로 컨테이너가 등장할 수 있다. 또 산불이나 태풍 등 자연재해가 빈발하는 나라에서는 텐트가 아닌 컨테이너가 임시 거주용 시설로 적절하게 활용될 수 있다. 더나아가 전쟁으로 인한 난민이 다수 발생할 경우 이들을 수용할 수 있는 가장 좋은 주거 시설이 컨테이너가 될 수 있다. 중동에서 열린 카타르 월드컵에서 우리는 보았다. 1,000개의 컨테이너를 활용해 축구 경기장을 일회용으로 만들어 월드컵 축구 대회를 개최한 후, 대회가 끝나자 바로 해체해 재활용하는 것을 말이다. 이는 컨테이너의 무한한 가능성을 보여주는 좋은 예라고 할 수 있다. 컨테이너로 만든 월드컵 축구 경기장이라니, 컨테이너의 발명가 말콤 맥린도 웃음 짓게 할 기상천외한 발상이 아닐 수 없다.

그런데 가끔 컨테이너가 엉뚱한 곳에 사용되기도 해 문제가 될 때가 있다. 바로 시위를 막는 수단으로 사용될 때다. 십수 년 전 광우병 시위 때 시위를 막기 위해 '○○산성'으로 불리며 광화문 광장에 쌓여 있던 컨테이너를 기억할 것이다. 우리들의 가슴을 꽉 막히게 했던 그 모습 말이다. 물류의 기본은 물처럼 막힘없이 흘러야 한다. 시위와 시위 막음의 정당성 유무를 떠나 물류의 기본 수단인 컨테이너가 이런 용도로 사용되어 서울 시내 한가운데에서 참담한 모습으로 쌓였을 때, 이를 보는 우리들의 가슴도 참 아프고 참담했었다. 그런데 다시 컨테이너가 시위나 정치적 목적으로 활용되기도 해 마음이 시리고 추워진다. '○○연대'로 불리는 물류 종사자들의 시위로 트레일러에 실려 가야 할 컨테이너가 항구와 야드에 쌓여 있

그림 1-6 광화문의 컨테이너 바리케이드

거나 아예 시위 행사의 수단으로 전락해 도로를 막는 데 활용되기도 하니 안타깝기 그지없다.

컨테이너는 물류의 기본이다. 컨테이너는 컨테이너일 뿐이다. 아무 잘못이 없는 컨테이너를 오용하고 악용하는 것은 우리들이다. 컨테이너의 무한한 변신은 계속될 것이고, 컨테이너는 앞으로도 영원할 것이다.

섬,
육지의 끝이 되다

미국의 금문교와 키웨스트

오토바이를 타고 끝이 없는 바다 위의 다리를 바람을 가르며 질주하는 상상만으로도 한여름 찌는 듯한 더위가 씻은 듯이 날아간다. 또 야경의 아름다움으로 치면 한밤중 바다 위의 다리를 오가는 차량 행렬의 불빛을 빼놓을 수 없다. 조금 과장되게 이야기하면, 웬만한 불꽃놀이와 견주어도 손색이 없을 정도로 찬란한 것이 해상 대교의 야경이다.

세계에는 바다 위에 놓인 해상 대교들이 많다. 이 다리들은 육지와 섬을 연결해주는 역할을 하는데, 과거에는 생각지도 못했던 일이다. 물론 이것이 반드시 긍정적인 것만은 아니어서 이런저런 논란도 있지만, 연결과 편리성 면에서만 보면 높게 평가할 만하다.

대표적인 해상 대교로는 미국 남부 플로리다에 위치한 키웨스트Key West 해상 고속도로가 있다. 이 해상 고속도로는 그 길이만도 무려 160킬로미터에 달한다. 미국의 가장 남쪽에 있는 키웨스트 열도의 섬과 섬을 연결하는 세계 최장의 해상 고속도로다. '바다 위 고속도로over seas highway'라 불리기도 한다. 이 해상 고속도로에는 무려 40여 개의 다리가 있는데, 가장 유명한 다리는 세븐 마일즈 대교다. 이름 그대로 다리 길이가 7마일, 즉 11킬로미터 정도로 매우 긴 다리다. 이 키웨스트 열도는 바다를 사랑한 소설가 헤밍웨이가 머무르며 작품을 구상했던 쿠바와도 아주 가깝고, 헤밍

그림 1-7 지도로 본 미국 플로리다주와 키웨스트 열도

웨이가 1952년《노인과 바다》를 집필한 곳이기도 하다.

세계에서 가장 유명한 해상 다리는 주홍색 다리로 유명한 샌프란시스코의 금문교Golden Gate Bridge다. 금문교는 샌프란시코만의 골든게이트 해협을 가로지르는 상징적인 구조물로, 당초 건설 자체가 불가능하다고 여겨지던 다리였다. 그러나 인간의 불가능에 대한 도전은 끝이 없어서, 1933년 착공해 4년 만인 1937년에 완성하게 된다. 다리 길이가 2,800미터로 지금의 기준으로는 별로 긴 다리가 아니지만, 당시에는 세계에서 가장 긴 다리였다. 당시로서는 획기적인 형태의 디자인이었고, 대형 선박도 운항할 수 있도록 교각이 없는 현수교로 만들었다. 미국 토목학회가 선정한 현대 토목 건축물 7대 불가사의 중 하나이기도 하다. 금문교라는 이름에서 알 수 있듯이, 샌프란시스코 지역은 골드러시 시대에 금이 생산되던 지역이어서 이런 이름이 붙게 되었다. 이 금문교 다리 밑 바로 옆에는 탈출할 수 없는 감옥으로 유명한, 영화 〈더 록The Rock〉으로도 제작된 해상 감옥이자 바위섬인 앨커트래즈Alcatraz가 있다.

연륙이 능사는 아니다

통 큰 중국의 항만 건설 스케일을 보면 '대륙은 대륙이네'라는 생각이 절로 든다. 중국의 대표적인 항만인 상하이항은 모래가 계속 쌓이는 지리적인 한계를 극복하기 위해 아예 먼바다로 나간 케이스다. 상하이에서 수십 킬로미터 떨어진 황해에 있는 소양산도에 양산 터미널을 건설하고, 상하이와 소양산도를 연결하는 길이 32킬로미터 왕복 6차선의 다리 '동해대교'를 2년 반 만에 건설했다. 이 양산 터미널 덕분에 상하이항은 컨테이너 처리 세계 1위의 항만으로 위상을 공고히 하고 있다.

현존하는 세계 최장 해상 대교는 2018년 준공된 홍콩과 마카오, 그리고 중국 본토 주하이를 연결하는 강주아오港珠澳 대교다. 이 대교는 해상 교량뿐만 아니라 해저터널 6.7킬로미터와 섬 지역 등을 포함해 총 55킬로미터에 달한다. 홍콩과 마카오의 중국 반환에 따른 정치적인 의미가 있는 다리이기도 하다.

우리나라에서는 인천 송도와 영종도를 잇는 인천대교가 있다. 해상 교량만 12.3킬로미터이고 연결 부분들을 합하면 21킬로미터가 넘는 다리로, 세계 기준으로 보았을 때 7위에 해당한다. 특히 사장교이고 주경 간의 폭은 800미터다. 이는 세계 5위에 해당하는 엄청난 규모다. 그리고 가운데 솟아 있는 두 개의 주탑 높이는 230미터로 여의도 63빌딩과 맞먹는 높이다. 그 밖에 인천과 인천공항을 연결하는 영종대교를 비롯해 전남 광양과 여수를 연결하는 이순신대교 등 수많은 해상 교량이 건설되었거나 건설 중에 있다.

그런데 한 가지 고민해야 할 점이 있다. 섬 지역을 해상 교량으로 연결해 연륙하는 것만이 능사가 아니라는 점이다. 연륙이 되는 순간 섬으로서의 의미와 가치, 특별함은 사라지고 육지의 끝에 있는 지역으로 성격이 변화하기 때문이다. 따라서 연륙을 할 것인지, 섬으로서의 특성을 유지할 것인지를 장기적인 관점에서 고민해볼 필요가 있다.

이전에 우리는 간척 사업을 통해 갯벌을 육지화했다. 그러나 최근 다시 둑을 허물고 바닷물의 소통을 하게 하는 역간척이 독일, 네덜란드 등 유럽은 물론 우리나라에서도 제법 여러 곳에서 시도되고 있다. 당연히 이런 발상의 전환이 경제적, 환경적인 측면에서 이롭다는 것은 여러 곳에서 발견된다. 따라서 편리함이라는 측면에서 무조건 해상 대교를 통해 육지가 되는 것만이 능사가 아님을 알아야 한다. 나중에 다시 다리를 허물고 섬으로 되돌아가는 우를 되풀이해서는 안 될 일이다. 과거의 역사와 사례에서 소중한 교훈을 얻어야 할 때다.

해저를 뚫어라

유럽으로 눈을 돌려 보면, 유럽에서는 해상 교량보다 해저터널이 눈에 띈다. 원래 영국과 프랑스 간 도버해협을 연결하는 터널 구상은 제법 오래되었다. 실제로도 1878년 터널 굴착 작업을 진행했으나 무산된 바 있다. 이후 1994년 완공된 영국의 워털루역(실제로는 영국의 포크스톤Folkstone)과 프랑스의 칼레를 연결하는 유로터널은 해저터널 구간만 38킬로미터로 전체 구간은 50킬로미터가 넘는다. 정식 명칭은 채널 터널Channel Tunnel로, 둥글게 아래위로 두 개의 터널이 있는데 하나는 열차용이고 다른 하나는 승용차와 화물차용이다. 불가능을 가능으로 바꾼 대단한 인간 의지라 할 수 있다.

그런데 영국인들의 반응은 터널로 유럽 대륙과 연결되기는 했으나, 섬으로서의 영국의 상황을 오히려 당연하게 여기고 즐기는 듯 보인다. 영국의 필요가 아닌 유럽 대륙의 필요에 의해 터널을 개통한 것을 마지못해 받아들여 준 듯한 분위기를 보면 그렇다. 아마도 영국인들의 마지막 남은 자존심인지도 모르겠다.

우리나라의 경우를 보면, 부산에서 가덕도를 거쳐 거제도를 연결하는 거가대교의 해저터널 구간은 3.7킬로미터이며, 충남 보령의 해저터널은 바다 아래에 있는 터널 구간만 무려 7킬로미터에 달하는 우리나라 최장의 해저터널이다. 바다 건너 일본의 세이칸 철도 터널은 53킬로미터로 일본 열도의 가장 큰 섬인 혼슈섬의 아오모리와 홋카이도의 하코다테를 연결한다. 철도 터널로서 순수한 해저터널 구간이 23킬로미터에 달하는 일본의 최장 해저터널이다.

동해와 서해의 바다를 우리나라와 공유하고 있는 일본과 중국 간의 해저터널 이야기가 심심찮게 나오곤 한다. 그러나 삼국 간의 국내외 정치적인 여건과 국민들의 정서 등 해결해야 할 과제가 한두 가지 아니고, 기술적인 면과 경제적인 면에서도 아직은 요원하기만 하다. 이야기가 먼저 나오는 곳은 한·일 해저터널이다. 한·일 간에도 여러 후보 노선들이 있지만 우선 부산에서 대마도를 경유해 후쿠오카를 연결하는 노선이 거론된다. 이 노선의 해저터널 길이는 230킬로미터에 달한다. 물론 한·일 해저터널은 지진이라는 자연재해에 대한 안전성 우려도 있는 것이 사실이다.

한·중 간의 해저터널은 한·일 간 해저터널보다도 해결해야 할 난제들이 더 많다. 우선 우리나라에서는 어느 지역이든 300킬로미터가 넘는 거리가 된다. 의외로 우리나라에서 중국에 가장 가까운 곳은 옹진군이다. 서해 5도인 옹진군 백령도에서 산둥반도를 연결하는 경우 직선거리로 200킬로미터 정도다. 인천에서 백령도 가는 거리보다도 가까울 정도로 상대적으로 매우 가깝기는 하지만, 북한이라는 존재가 있어 그 실현 가능성은 실제 거리보다 훨씬 더 멀기만 하다. 백령도는 통일이 된다면 매우 유력한 후보지로 거론될 수 있을 것이다.

그리고 일부 정치권 등에서 나오는 제주 터널 이야기는 목포와 추자도, 제주도를 연결하는 것으로 전체 길이는 170킬로미터에 달한다. 순수한 해저터널은 75킬로미터 정도이지만, 이 제주 터널이 추진된다면 세계 최장의 해저터널이 될 것으로 보인다. 하지만 해결해야 할 여러 가지 문제들이 산적하다. 기술적·경제적 타당성을 논하기 이전에 제주도민들이 해저터널을 선호하지 않는다는 것이 큰 문제다. 이는 섬으로서의 제주도가 가지는 다양한 혜택이나 이점들을 포기해야 하는 문제와 직결된다. 제주도민의 삶의 질과 직접적으로 연결되는 것이므로 쉽게 결정할 수 없다는 이야기다. 사회적인 대타협이나 공감대가 형성된 후에 추진되어야 할 사안임은 분명하다. 또 비용 면에서도 적게는 수십조 원에서 많게는 수백조 원이 소요되는 엄청난 프로젝트다. 신중함과 지혜가 필요하다는 건 두말할 필요가 없겠다.

한·중·일 간의 해저터널은 물론이고 제주의 해저터널도 이런저런 상황을 볼 때 그리 쉬운 문제는 아니다. 그러고 보면 해저터널은 경제와 기술을 넘어서 정치 영역이 아닌가 싶기도 하다. 섬으로 남을 것인가, 육지의 끝이 될 것인가! 그것이 문제다.

등대의 불빛은
꺼지지 않는다

낭만과 고독 사이

우리나라에서 등대와 등대지기는 시詩적 대상이기도 하고 대표적인 낭만의 표상이기도 하다. 그러나 실제로 등대지기의 하루는 피상적으로 보이는 것처럼 낭만이 넘치는 생활이 아니다. 고단한 업무이고 외로움과 싸워야 하는 직업이다. 어찌 보면 등대지기는 자신과의 싸움에서 이겨야 하는, 사명감이 없으면 불가능한 바다 관리인이라고 할 수 있다.

등대는 바다에 있는 신호등이다. 드넓은 바다에 육지의 도로처럼 신호등을 일일이 설치할 필요까지는 없지만, 꼭 필요한 곳에는 신호등이 있어야 한다. 암초가 있는 곳이나 풍랑이 유달리 거센 곳, 그리고 항만으로 입출항하는 해역 등이 그런 곳이다. 최근에는 전자 항법 기술의 발달로 과거만큼 등대의 역할이 부각되지는 않지만, 아직도 해상 교통에 있어서 매우 중요한 역할을 하고 있다.

등대는 그 역할과 기능에 따라 매우 다양하다. 빛이 도달하는 거리가 수 킬로미터에 불과한 것에서부터 부산 오륙도 등대처럼 80킬로미터 이상 빛이 도달하는 등대도 있다. 우리나라 항구에 있는 방파제에 가 보면 붉은색과 흰색의 작은 등대가 보인다. 이것은 항구로 들어오는 선박에게 이 두 불빛 사이로 들어오라는 신호다. 우리가 육지에서 바다를 보면 항구에 등대가 왜 필요한지 의아해할 수도 있지만, 바다에서 항구 쪽을 보면 건물의 불빛이나 가로등 불빛 등으로 인해 방향을 제대로 잡기가 쉽지 않다. 항구로 들어오는 선박을 기준으로 붉은색 등대의 오른편으로 가서는 안 되며, 반대로 흰색 또는 초록색 등대의 왼편으로 가서는 안 된다. 모든 등대는 고유의 사인과 신호가 있다. 그래서 등댓불을 보면서 선박이 위치를 파악할 수 있는 것이다.

가끔 바다 한가운데 제자리에서 혼자 떠 있는 구조물을 본 적이 있을 것이다. 이것은 부표浮漂 또는 등부표燈浮標라고 하는 것으로, 불이 없으면 부표이고 야간에 밝은 등까지 켜지면 등부표다. 암초의 위치나 수면 밑에 있는 침몰 선박, 또는 다른 위험지역을 나타내 주는 것이다. 그러므로 이 해역으로 항해해서는 절대 안 된다. 등대와 부표는 선박과 선원의 생명줄이다.

파로스 등대와 팔미도 등대

등대의 역사를 보면, 이집트 알렉산드리아 항구 앞에 있었던 파로스
Pharos 등대가 세계 최초의 등대이자 오늘날 등대의 원형으로 알려져 있
다. 파로스 등대는 기원전 200년경 알렉산드리아에 있는 파로스섬에 세
워진 등대로, 그 높이만도 135미터에 달했다고 한다. 높은 건물 꼭대기에
등대가 위치하는 구조였는데, 등대 구조물 안에는 병사들을 위한 수백 개
의 석실이 있었다고 알려져 있다. 실제로 파로스 등대는 등대이면서 군대
병력이 주둔하는 거점 방어의 역할도 수행했다. 당시에는 나무나 석탄을
이용해 불을 밝혔고, 거울을 이용해 불빛을 반사했다고 한다. 대단한 것은
등대의 불빛이 50킬로미터 정도 뻗어 나갔다고 하는 사실이다. 기원전 당
시의 기술로는 가히 불가능에 가까운 것이다. 말 그대로 깜깜한 지중해에
서 한 줄기 희망의 빛이었던 셈이다.

이 파로스 등대는 고대사회의 불가사의한 건축물 중 하나로 꼽히는데,
1300년경 이집트에 발생한 지진에 의해 파괴되어 그 모습은 그림에서나
볼 수 있다.

세계 두 번째로 오래된 등대는 영국 옆의 섬나라 아일랜드에 있는 후크
등대와 스페인의 헤라클레스 등대다. 이 등대들은 로마 시대에 건설된 등
대로, 로마가 식민지를 지배하기 위한 수단으로 건설한 것이다. 아일랜드

그림 1-8 이집트 알렉산드리아 파로스 등대의 모습(1572년 그림)

섬 동남부에 위치한 현재의 후크 등대 건물은 12세기에 다시 지어졌다. 그러나 스페인 북대서양 방면에 있는 라 코루냐 해안 지방에 있는 헤라클레스 등대는 기원후 1세기경 로마 시대에 지어진 건물인데 2천 년이 넘은 현재도 남아 있다. 이 등대가 실로 대단한 것은 지금도 불빛을 밝히고 있다는 사실이다.

  우리나라의 경우는 1876년 일본과의 불평등 조약인 강화도조약이 체결되면서 일본의 관점에서 등대 설치가 논의되었다. 그러던 중 1902년 인천 앞바다에 있는 팔미도와 월미도 등에 등대가 설치되기 시작했다. 1903년 우리나라 최초의 등대인 팔미도 등대가 완공되어 불을 밝혔다. 지금으로부터 120년 전이다. 그 이전에는 해안가에 있던 봉수대 등이 등대의 역할을 겸하기도 했지만, 매우 초보적인 수준에 머물렀다. 1908년 점등을 시작한 장기갑(지금은 호미곶으로 불린다) 등대에 우리나라 유일의 등대박물관이 1985년 건립되었다. 이 박물관은 우리나라는 물론 세계의 등대와 관련한 자료들을 전시하고 있으며, 해양 개척 정신과 바다에 대한 교육의 장으로도 활용되고 있다.

등대는 단순한 선박의 항해용 건물이 아니라 건축 당시 최첨단 자재와 공법이 녹아 있는 인류 문명의 유산이다. 또 등대는 바다에서 잘 보이는 곳에 지어졌기 때문에 전망이 좋은 곳에 위치하는 경우가 많다. 이런 이유로 등대는 그 지역의 랜드마크 역할을 하기도 한다.

사막에도 등대가 있다

육지에도 바다가 있다. 사막이 바로 육지 속의 바다다. 그리고 이 사막에도 등대가 있다. 실제로 모든 이슬람 사원을 보면 예외 없이 드높은 첨탑이 있는데, 이 첨탑의 기능 중 하나가 대상들에게 오아시스를 알려주는 등대의 역할을 하는 것이었다. 이 첨탑은 또 뜨거운 공기를 순환시켜서 실내의 온도를 외부보다 10도 정도 떨어뜨리는 자연 에어컨 역할을 하기도 했다. 여하튼 망망대해나 마찬가지인 사막에서 밤에 보일 듯 말 듯 비치는 첨탑의 불빛은 사막을 오가는 사람들에게 생명의 불빛이나 마찬가지였다. 실제로 첨탑에서는 불을 피워서 불빛으로 이정표와 등대 역할을 했다.

지금 우리가 알고 있는 사마르칸트, 타슈켄트 등이 모두 실크로드의 중심에 있었던 도시다. 실크로드 교역은 몽골 지배 이전에는 소규모였다. 그러다 몽골이 40~50킬로미터마다 역참을 설치하는 등 실크로드를 정비하고 나서부터 대규모로 교역이 이루어졌다. 여기에서 나온 것이 요즘도 일상에서 많이 사용하는 '한참을 간다', '한참 걸린다'는 우리말이다. '한참을 간다'는 말은 이번 역참에서 다음 역참을 간다는 의미로 먼 길을 간다는 뜻이다. '한참 걸린다'는 말도 같은 의미다. 몽골 말의 영향은 지금도 우리말에 제법 남아 있다. 장사치, 벼슬아치에 쓰이는 '-치'라는 단어는 몽골말 다루가치의 접미사인 '가치', 즉 '~하는 사람'에서 나왔다. 지금은 우리말처럼 사용되고 있다.

그런데 대단한 것은 이 실크로드를 따라서 다양한 외국의 물건들이 우리 한반도까지 전해졌다는 사실이다. 경주 천마총에서 발견된 유리잔이나 유리 장식장은 당시 서역에서만 생산되던 것이다. 이러한 유리 제품이 신라 경주에서 발견되는 것으로 보아 실크로드의 교역 물품이 신라에까지 이르렀음을 알 수 있다. 아마도 신라 시대에 이러한 서역 생산 유리 제품은 최고급 사치품의 하나였을 것이고, 왕족이나 일부 특권 귀족만이 사용할 수 있었을 것이다.

실크로드의 길목이었던 중앙아시아와 터키(지금의 튀르키예) 지역에 남아 있는 많은 유적을 보면, 당시 대상들과 낙타들이 쉬고 가던 숙식 장소임을 알 수 있다. 또 높은 첨탑은 야간에 이동하는 대상들에게 등대의 역할을 하기도 했다는 것을 알 수 있다.

사막이든 바다든 가리지 않고 어둠을 밝혀 길을 안내하는 건 등대의 숙명인가 보다. 어둠 속에서 우리의 마음에 위안을 주는 우리만의 등대를 하나씩 가져 보자.

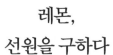

레몬,
선원을 구하다

비타민 C와 괴혈병

괴혈병, 이름만 들어도 왠지 무시무시하게 들리는 병이다. 이 괴혈병은 우리 몸에 필요한 영양소 중 비타민 C가 부족하면 걸리는 병이다. 이 병에 걸리면 몸에 출혈이 생기고 뼈가 약해지며 피부에 곰팡이가 퍼진다. 그야말로 아주 치명적인 병이다.

그런데 이 괴혈병은 근대 이전에는 역사에 특별하게 기록된 것이 없다. 신선한 채소 등을 자주 먹을 수 있는 육지에서는 잘 걸리지 않았고, 또 걸린다 해도 금방 증상이 사라져 아무 문제가 없는 병이었기 때문이다. 비타민 결핍에 따른 영양 문제가 이 병의 원인이라는 것은 1753년이 되어서야 처음 밝혀졌다. 바로 대항해 시대 기간이었다.

대항해 시대의 선원들에게 가장 많이 걸리는 병이 괴혈병이었다. 바다에서는 신선한 채소 등을 구하기가 어렵고, 이는 바로 비타민 C 부족으로 이어졌기 때문이다. 불가피하게 오랜 선상 생활을 해야 하는 선원들에게 어쩌면 자연스럽게 생길 수밖에 없는 병이기도 했다. 당시 용감무쌍한 항해가들에게 가장 큰 적은 카리브해의 해적도 아니고 적국의 해군도 아니고 무서운 태풍이나 파도도 아니었다. 바로 비타민 C 결핍으로 생기는 이 괴혈병이었다.

콜럼버스가 대항해를 떠날 무렵엔 괴혈병에 대해 잘 알지도 못했고 치료 방법도 모르는 상태였다. 하지만 그동안의 전승傳承으로 선원들은 항해 시에 개별적으로 레몬을 휴대하곤 했다. 그런데 이 레몬이 당시에는 값도 비싸기도 했지만, 냉장고가 없던 시절이다 보니 운반이나 보관에 어려움이 있었다. 좀 다른 이야기이긴 하지만, 당시 서양 사람들이 우리나라 사람들처럼 미역이나 다시마 등의 해조류를 즐겨 먹었다면 비타민 C 결핍을 어느 정도는 예방하지 않았을까 싶다. 물론 망망대해라 해조류도 구하기는 쉽지 않았겠지만 말이다.

어려울 때 항상 영웅이 나타나듯이, 1753년 영국 해군 수병들을 괴롭히던 이 괴혈병의 원인을 밝혀내고 그 치료 방법을 알아낸 사람이 있었다. 당시 영국 해군의 군의관이었던 제임스 린드James Lind가 그 주인공이다. 그는 이 레몬에 대한 성능을 과학적으로 제시하지는 못했지만, 비교 연구를 통해서 레몬을 먹은 수병들이 확실히 괴혈병에 효과가 있다는 것을 알게 되었다. 이후 제임스 린드는 해상 생활에 필요한 다양한 선박 내의 환기換氣나 물 처리 등 위생 방법과 제도들을 찾아내고 제안함으로써 영국 해군의 보건과 위생의 아버지로 불리게 된다. 그는 이름에 걸맞게 죽을 때까지도 영국 햄프셔의 항구도시 고스포트Gosport에 있는 해군 병원의 원장으로 재직했다. 해군들의 건강을 위해 병원선을 도입하고 함정의 선실 환기를 제도화하는 등 영국 수병들의 위생에 큰 기여를 한 선구자로 기억되고 있다.

당시 군의관 린드가 괴혈병 환자들에게 레몬이나 라임을 먹이면 병이 치유된다는 것은 알았지만, 비타민 C의 정체가 과학적으로 규명된 것은 20세기 초가 되어서다. 여하튼 비타민이 풍부한 레몬과 라임 등을 먹으면 괴혈병이 치유된다는 사실이 알려지면서 선원들은 지긋지긋한 괴혈병으로부터 자유로워질 수 있었다.

명령이다, "레몬을 먹어라!"

괴혈병으로부터 선원들을 구한 작은 레몬은 본래 원산지가 동남아시아와 인도였다. 이것이 11~12세기에 십자군 전쟁을 거치면서 지중해 무역을 통해 유럽에 전해졌다. 그리고 나중에 코르시카나 시칠리아 같은 지중해의 따뜻한 섬 지역에서 재배되었다. 지금은 원산지인 동남아시아보다도 오히려 지중해 연안에서 수확한 레몬의 질이 더 좋은 것으로 평가된다. 물론 이 레몬은 신대륙으로도 진출해 점차 대량 재배가 이루어지면서 지금은 지중해성 기후를 가진 미국의 캘리포니아가 세계 최대의 생산지가 되었다.

레몬과 유사한 과일이 바로 라임이다. 이 라임 또한 비타민이 풍부한 과일로 인도나 동남아시아가 원산지다. 레몬과 유사한 맛과 성분을 가진 라임을 약한 알코올에 타서 먹으면 맛도 좋고 괴혈병도 예방되었다.

우리가 바다 하면 이순신 장군을 생각하듯이 영국인들의 영원한 선장은 제임스 쿡James Cook이다. 그는 18세기 중후반기 뉴질랜드와 호주를 탐험해 영국령으로 삼았고, 북태평양을 지나 베링해를 탐험해 북극해에 도달했던 바다의 거인이다. 남태평양의 쿡 아일랜드Cook Islandes와 뉴질랜드의 남섬과 북섬 사이의 해협인 쿡해협Cook Strait이 그의 이름을 딴 것이고, 그가 발견한 호주 퀸즐랜드

그림 1-9 제임스 쿡 선장

Queensland에는 그의 이름을 딴 제임스 쿡 대학James Cook University도 있다. 이러한 쿡 선장도 항해 시에는 반드시 라임과 라임 음료를 충분히 준비해 선원들의 괴혈병을 예방했다고 한다. 탐험가이자 항해가였던 제임스 쿡 선장은 그 이름 자체로 바다 사람들에게 의미하는 바가 매우 크다. 그런데 특히 그가 지금의 캐나다 영토인 뉴펀들랜드 지역을 탐험한 후에 남긴 말은 아직도 큰 울림으로 다가온다.

"지금까지의 어느 누구보다도 멀리, 뿐만 아니라 인간이 갈 수 있는 끝까지 나는 가고 싶다."

아마도 레몬이나 라임이 없었더라면 제임스 쿡을 비롯한 용감한 항해가들이 활약했던 근대의 항해 시대는 없었을지도 모른다. 작은 레몬과 라임이 세계 역사에 기여한 바는 결코 작지 않다. 대항해 시대인 1795년 영국 해군이 제정한 항해 규정에는 '출항하는 배에는 반드시 레몬 상자를 실어야 한다'는 레몬 휴대 의무 조항까지 있었다.

참고로 비타민 C가 많이 포함된 식품으로는 피망, 파프리카, 고추, 딸기, 레몬, 시금치, 연근, 브로콜리, 감귤 등을 꼽을 수 있다. 이 중에서 보관 등을 고려하면 레몬이 으뜸이었다. 신 레몬을 한 입 깨물고 찡그리는 초기 항해가의 얼굴이 떠오르는 듯하다.

입에 쓴 것이 몸에 좋다고 하는데, 입에 신 것도 건강에 좋은가 보다. 수병들과 선원들을 죽음에서 구한 레몬의 '신'맛이다.

향신료를 찾아서
바다로

향신료 없이는 하루도 못 살아

우리 인간의 입맛만큼 까다롭고 민감한 것이 또 있을까. 재료가 조금만 달라져도 우리의 혀는 그것을 금세 알아차린다. 그러고 보면 유명 식당의 셰프들은 참 대단한 사람들이다. 그 예민한 입맛을 사로잡아 '맛있다'는 감탄사를 연발하게 하는 것을 보면.

입맛을 논할 때 우리의 어머니들을 빼놓을 수는 없다. 유명 식당과는 비교조차 안 되는 시원찮은 재료를 가지고도 삼시 세끼 평생 잊지 못할 입맛을 우리에게 남겼으니 말이다. 누구나 어릴 적 어머니가 만들어 주던 그 간단한 찌개와 국 한 그릇이 고향의 맛이 되고 평생 음식이 되지 않던가.

음식에 맛을 더하거나 잡내를 없애기 위해 사용하는 것이 천연 조미료다. 깨, 기름, 마늘, 버섯, 고춧가루 등이 대표적이다. 서양에서는 맛을 내는데에도 조미료가 사용되지만, 음식을 보관하거나 좋지 않은 냄새를 제거하는 용도로도 많이 사용된다. 그런 이유로 조미료라 부르지 않고 향과 매운맛을 내는 재료라는 의미에서 향신료香辛料라 부른다. 통상 세계 4대 향신료로는 후추pepper, 계피cinnamon, 정향clove, 육두구nutmeg가 꼽힌다. 특히 서양에서는 고기나 생선이 주된 음식 재료이기에 향신료가 필수다. 후추와 정향, 육두구가 유럽의 3대 향신료라 불리는 이유다. 우리가 육고기나 생선을 요리할 때 갖은양념을 듬뿍 넣는 것과 같다.

이 중 가장 비싸고 귀한 것이 정향과 육두구였다. 정향은 특이하게 씨나 열매가 아닌 꽃봉오리를 쓰는 향신료다. 자극적이긴 하지만 상쾌하고 달콤한 향이 나는 것이 특징으로, 향신료 중에서 맛과 향이 가장 강한 것으로 알려져 있다. 정향丁香은 한자에서 알 수 있듯이, 정향 꽃봉오리 모양이 나무에 박는 못의 모양을 닮아서 나온 말이다. 다시 말해 '향이 나는 못'이라는 의미다. 그런데 이 정향은 정향나무의 꽃봉오리를 말려서 만들기 때문에 물량도 적고 생산지가 지금의 인도네시아 동쪽 지역에 위치한 말루쿠제도Maluku Islands와 반다제도Banda Islands 등으로 제한적이었다. 그만큼 매우 귀한 향신료였다. 이 정향은 육고기의 누린내를 잡아 주는 데 효과가 있어 유럽에서는 보통 육류 음식의 소스로 사용된다. 하지만 향이 좋고 강해 향수나 화장품, 치약의 재료로 사용되기도 하고, 중국 등 동양에서는 귀한 약재로 사용된다. 이러한 수요에도 불구하고 지형적이고 지질학적인 요인으로 그 생산이나 물량이 제한적일 수밖에 없었다.

정향에 버금가는 것이 바로 육두구肉荳蔻였다. 이 육두구는 육두구 나무의 열매 씨를 갈아서 만든 것으로, 서양에서 육류 요리의 첨가 향신료로 많이 사용되었다. 또 흑사병이 창궐하던 시기에는 흑사병 치료제로 각광을 받았고, 그 외 수많은 질환의 치료제로도 많이 사용되었다. 육두구는 정향과 마찬가지로 인도네시아의 말루쿠제도와 반다제도에서 주로 생산된다. 따라서 인도네시아에 있는 이 말루쿠제도와 반다제도는 서양인들에게 '향신료의 섬Spice Islands'으로 불리기도 한다.

이 외에 후추와 계피도 유럽이 돼지고기를 먹기 시작하면서 돼지고기 요리에 없어서는 안 될 필수 향신료가 되었다. 후추는 인도가 원산지로 정향이나 육두구보다는 훨씬 이전부터 아라비아 상인들을 통해 유럽에 소개된 향신료였다. 계피는 가장 오래되고 광범위하게 사용된 향신료로, 유럽은 물론이고 우리나라를 비롯한 아시아 지역에서도 음식 재료나 한방 약재로 많이 사용된다.

유럽 각국에서 이러한 향신료들은 일반 대중이 알기 전에는 왕실이나 귀족층에서만 애용하는 고가품이고 사치품이었다. 그러나 일반 국민들이 향신료에 맛을 들이고 난 다음부터는 향신료 없는 음식은 상상할 수 없게 되어 사치품이 아니라 일상생활의 필수품이 되었다.

인도네시아는 사실 이름에서 알 수 있듯이, 서양 입장에서 인도를 지나서 보니 많은 섬이 있는 다도해 지역이라는 의미로 인도네시아라고 명명했다. 하지만 여기에 더해 인도처럼 수많은 향신료가 생산되는 곳이라는 의미도 있다. 인도에 이어 유럽인들의 식탁을 위한 제2의 향신료 공급 지역으로 여겼던 것이다.

당초에 이 향신료 교역은 유럽과 아시아의 중간에 위치해 중동이라는 지리적인 이점이 있는 이슬람 상인들이 독점했다. 생산지인 인도 등에서 헐값으로 사들인 향신료를 유럽에 고가로 팔아 엄청난 수익을 남겼다. 당시에는 인도와 유럽이 바다의 뱃길로 연결되지 않았기 때문에 유럽과 인도 사이에 위치한 지리적 이점을 최대한 활용해 향신료의 육로 교역을 독점했던 것이다. 이러한 향신료는 12단계를 거치면서 가격이 50배에서 500배까지 뛰었다고 한다. 낙타에 짐을 잔뜩 싣고 다니는 아라비아 상인들의 그림을 볼 때, 그 낙타 등에 실려 있는 자루에는 유럽인들에게 팔 각양각색의 향신료가 들어 있었다고 보면 틀림없다. 그러다가 포르투갈 상인들이 1511년 최초로 정향과 육두구 생산지인 인도네시아의 말루쿠제도와 반다제도에 도착해 바다를 통한 향신료 무역을 독점했다. 이후 17세기에는 국력이 쇠퇴한 포르투갈 대신 네덜란드 상인들이 아시아 향신료 무역을 독점했다.

현재 향신료의 최대 생산국은 인도네시아다. 재미있는 것은 영국인들이 인도네시아에서 육두구의 씨를 가져다가 카리브해 서인도제도에 있는 그레나다에 심었는데, 그 이후 이 그레나다가 세계 두 번째 육두구 생산국이 되었다는 사실이다. 현재 그레나다의 국기에 육두구의 모양이 들어 있을 정도다. 포르투갈이나 네덜란드가 아시아 항로를 개척한 목적에는 결국 이러한 이슬람 상인의 중계무역을 타개하려는 측면이 강했다. 이슬람을 매개로 한 지중해 무역이 신항로 개척으로 쇠퇴하자, 중간에서 중계무역으로 재미를 보던 베네치아와 제노바 등 이탈리아의 해양 도시국가들도 나란히 쇠퇴의 길을 걸었다.

대항해 시대 초기인 16세기에 정향과 육두구는 생산지 인도네시아에서의 가격보다 작게는 수십 배, 크게는 수백 배 이상의 가격으로 유럽에서 팔렸다. 황금알을 낳는 거위가 따로 없었다. 중세 시대만 해도 정향이나 육두구보다 상대적으로 많이 알려졌다고 하는 인도산 후추 한 주먹의 가격이 소 두 마리에 해당되는 가격이었다고 한다. 얼마나 고가였는지 짐작이 가고도 남는다.

이슬람 세력은 16세기 초 불교 국가이던 인도네시아를 점령하고 이슬람 국가를 세웠다. 거기에는 여러 가지 요인이 있었지만, 그동안 인도네시아의 향신료를 유럽에 중계무역으로 팔던 이슬람 세력이 중계무역에 머물지 않고 생산지마저 확보하려는 동기가 가장 컸다.

인도로 가는 후추 항로를 찾아서

대항해 시대는 향신료, 특히 후추의 교역과 떼려야 뗄 수가 없다. 조금 과장한다면, 후추를 비롯한 향신료 산지인 인도와의 직접 무역 항로를 개척하기 위한 과정이 바로 신대륙 발견이고 대항해 시대의 개막이라고 볼 수 있다. 후추는 기원전 이전부터 유럽인의 입맛을 사로잡았다. 그러나 인도에서 그리스나 로마로 후추가 들어오는 길은 쉽지 않았다. 인도에서 육로를 통해 후추가 들어오려면 중동을 거쳐야 했기 때문이다. 이렇게 수입된 후추는 엄청난 고가여서 로마제국에서 화폐와 비슷한 취급을 받는 귀중품 중의 귀중품이었다.

로마 시대 이집트의 항해사 히팔루스Hippalus는 계절마다 정기적으로 풍향이 변하는 인도양의 몬순 '히팔루스 계절풍Hippalus Monsoon'을 발견했다. 이를 통해 이전에 육로로만 수입할 수 있었던 후추 수입이 인도양과 홍해를 통한 수입으로까지 확대되자, 이전과는 비교할 수 없는 규모로 대량 운송이 가능하게 되었다. 그러나 수입량이 늘었어도 여전히 중동 국가 대상들의 육로 운송을 거쳐야 했기에, 후추는 돈이 많은 귀족이나 부유층만 사용 가능한 사치 식품이었다. 그야말로 일반 시민들에게는 그림의 떡이었다.

중세 시대 유럽의 식단은 밀과 돼지의 시대였다. 유럽의 풍부한 숲에서 지천으로 나는 도토리는 돼지들의 좋은 먹이가 되었다. 이러한 전통은 오늘날에도 스페인의 이베리코iberico 돼지고기로 불리는, 도토리를 먹인 질 좋은 돼지고기로 남아 있다. 그러나 당시 돼지고기를 그냥 먹기에는 특유의 냄새도 문제였고, 또 조리법이 발달하지 않아 맛도 시원치 않았다. 여기에 후추는 이 모든 것을 해결해주는 만능 향신료였다. 그리고 일정한 부패 방지 효과도 있었다. 점차 후추는 모든 음식에서 빠질 수 없는 향신료가 되었고, 이러한 후추는 바로 돈이었다. 후추를 인도에서 바로 수입할 수만 있다면 엄청난 부를 거머쥘 수 있었다. 당시에는 후추를 먹을 수 있느냐 없느냐가 부의 척도가 되었다. 후추를 먹을 수 있는 부류와 먹지 못하는 부류가 바로 잘살고 못살고의 기준처럼 되었던 것이다.

오스만 튀르크의 등장은 지중해를 통한 후추의 무역에 엄청난 변화를 가져왔다. 오스만 튀르크는 지중해의 동쪽 해역을 장악해, 그동안 중동으로부터 자유롭게 향신료를 가져다 이를 유럽에 팔아 엄청난 수익을 남겼던 중계무역의 강자들인 이탈리아의 도시국가들에게 결정적인 타격을 입혔다. 이에 따라 유럽 각국은 향신료의 지중해 교역로 대신 다른 대안을 찾아야 했다. 이 중에서 가장 열성적인 국가가 바로 포르투갈이었다.

항해 왕자로 불린 엔히크Henrique는 15세기 초부터 수차례 항해 탐험대를 보내 인도로 가는 항로를 개척하게 했다. 명령을 받은 바스쿠 다가마 Vasco da Gama는 1488년 아프리카 남단의 희망봉에 도착했고, 1498년 결국 인도에 도착해 후추를 싣고 리스본으로 돌아왔다. 인도로 가는 직항로를 개척했던 것이다. 콜럼버스가 신대륙에 도착해서 죽을 때까지 자기가 도착한 곳이 인도의 한 지역으로 알고 서인도제도라 불렀던 것도 여기에 그 까닭이 있다. 이후 포르투갈은 인도와의 후추 직접 교역을 통해 스페인에 버금가는 부를 축적할 수 있었고, 스페인과 더불어 16~17세기 전반기까지 전성기를 구가하게 되었다.

이러한 흐름을 타기 위해 영국과 네덜란드도 박차를 가하게 되는데, 이것이 1600년과 1602년에 각각 설립된 영국과 네덜란드의 동인도 회사다. 지금으로 보면 잘 이해가 되지 않지만, 동인도 회사는 왕실로부터 향신료 무역 권한을 독점적으로 부여받은 무역 회사 겸 해운 선사라 보면 된다. 물론 나중에는 사법권과 군대 보유 권한까지 받게 되어 하나의 주권을 지닌 기관이 되지만 말이다. 이렇게 후추를 비롯한 향신료는 대항해 시대의 원동력이었다.

예나 지금이나 사람에게 가장 중요한 건 먹는 문제다. 그리고 이왕 먹는 거 맛있게 먹을 수 있다면 금상첨화가 아니겠는가.

그림 1-10 인도 고아 시장의 향신료

러일전쟁과
배앓이 약 정로환

러일전쟁과 돈스코이호

'정로환'에 얽힌 추억을 한두 개쯤 간직하고 있는 사람들이 많을 것이다. 어릴 적 배 아플 때 한 번씩은 먹었던 약이기 때문이다. 정로환은 제법 역사가 오래된 약으로, 작고 검은 알갱이에 냄새는 별로인 약이다. 물론 지금도 제조되고 있고 인기도 제법 있다. 요즘은 겉면에 단것을 씌운 당의정 정로환이 있어서 맛도 좋다고 한다.

1904~1905년 이미 기울어질 대로 기울어진 한반도의 운명을 결정하는 사건이 일어난다. 바로 한반도 주변의 대한해협과 동해에서 벌어진 역사적인 사건, 러일전쟁이 발발한 것이다. 러일전쟁은 유럽의 강국 러시아

와 아시아의 신흥 강자 일본 간의 갈등이 폭발한 것으로, 한반도와 극동의 권리를 두고 벌어진 전쟁이다.

그런데 이 전쟁은 러시아가 우세하리라던 당초의 예상과는 다르게 일본의 우세로 흘러갔다. 결국에는 러시아 발트함대 소속의 수송선이자 순양함이던 드미트리 돈스코이호가 울릉도 인근에서 스스로 침몰하면서 일본의 승리로 막을 내렸다. 이 침몰된 돈스코이호 배 안에 러시아 해군의 군자금으로 사용될 예정이던 수십조에 달하는 금괴 200톤이 실려 있다 해서 논란이 된 적도 있다.

'돈스코이'는 1,380년 몽골의 일족인 타르타르를 물리치고 오늘날의 러시아를 있게 한, 러시아의 건국 영웅으로 추앙받는 모스크바 대공大公의 이름이다. 돈스코이호는 당시 세계 최강의 전력으로 평가되던 러시아 발트함대의 군수물자 수송 선박이었다. 일본 해군에 쫓기게 되자 러시아 해군의 태평양 함대 본부가 있던 블라디보스토크항으로 피항하려 했다. 그러나 울릉도 인근에서 일본 함정에 포위되어 더 이상 항해가 불가능하게 되자 자폭해 수장의 길을 선택한 함정이다.

육지에서 타르타르로부터 모스크바를 구해낸 러시아의 영웅 돈스코이 대공이 바다에서 당시 아시아 변방 국가였던 일본에 패해 수장의 길을 걷게 된 돈스코이호를 본다면 저승에서도 대성통곡할 듯하다.

러시아를 이기자, 정로환

원래 우리가 먹는 배앓이 특효약 정로환은 일본에서 유래된 것이다. 당시 서양이나 동양이나 선상 생활의 문제는 바로 먹는 물이었다. 냉장고가 없던 시절, 먹는 물과 음식의 보관이 가장 큰 문제였고, 선상 생활을 하는 수병들은 배앓이를 달고 살 수밖에 없었다. 비단 이것은 일본 수병만의 문제가 아니라 러시아나 다른 나라의 수병들도 마찬가지로 앓고 있던 공통의 고질이었다. 대안으로 신선한 물 대신 유럽에서는 선원들에게 와인이나 맥주를 배급하기도 하고, 나중에는 럼주를 물에 타서 만든 술 그로그grog를 마시게 했다. 그런데 이 약한 그로그를 마시고도 비틀거리는 사람들이 있었는데, 그 모습이 복싱 경기에서 강펀치를 맞고 비틀거리는 것과 흡사하다고 해서 '그로기 상태'라는 말이 나왔다. 물론 독한 술과 물이 섞이니 어느 정도 소독 효과는 있어서 배앓이에 도움이 되기는 했다. 그러나 근본적인 해결책이 될 수는 없었다.

러일전쟁 직전 1902~1903년경 일본의 해군 수병들도 오랜 선상 생활로 복통과 배앓이에 시달리곤 했다. 이때 바로 이 복통을 치료하기 위해 개발된 신약 중의 신약이 정로환이었다. 이 정로환 덕분에 복통이 사라지자 일본 수병들의 사기가 하늘을 찌를 듯했다고 한다.

그런데 원래의 정로환 약병을 보면 그 한자 이름에 고개가 갸웃해진다. '정로환'이라는 약 이름의 한자가 지금과는 다른 '征'露丸이기 때문이다. 러시아를 정복한다는 의미에서 정복할 정征 자를 사용했다. 러시아는 한자

발음으로는 로서아露西亞라 불린다. 얼마나 일본이 러시아를 이기기 위해 준비하고 다짐했으면, 일본 해군 수병들이 먹던 배앓이 약 이름이 러시아를 정복하자는 의미의 정로환이었을까. 일본이 당시 상대도 되지 못할 거라던 예상을 뒤엎고 세계 최강 함대의 하나로 평가되던 러시아 발트함대에 승리할 수 있었던 이유가 이러한 철저한 준비와 정신 무장이 아니었나 싶다. 물론 일본이 1902년 러시아의 남하 정책을 계속 견제하던 영국과 영일동맹을 체결해, 당시 세계 최강의 해양 대국이던 영국이라는 든든한 후원자를 미리 확보해둔 것이 승리에 큰 영향을 미치긴 했지만 말이다.

러일전쟁 당시 영국은 일본과의 영일동맹에 따라 러시아 발트함대의 수에즈 운하 통과를 방해했다. 이는 러시아 함정들이 아프리카 대륙의 남단

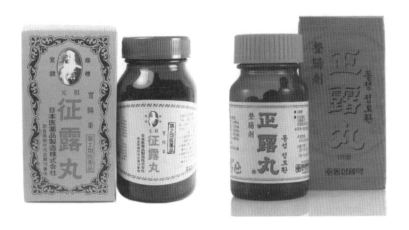

그림 1-11 러일전쟁 당시 정로환과 우리나라의 정로환

을 돌아오도록 해, 러시아 해군이 대한해협 근처에 도착할 때는 장거리 항해로 지쳐서 거의 기진맥진할 지경이 되는 원인이 되었다. 또 당시의 해군 함정들은 석탄을 연료로 하는 증기 엔진 선박이었다. 북유럽 발트해에서 아시아로 오기 위해서는 아프리카나 동남아시아 지역 등의 중간 기항지에 들러 양질의 석탄 공급을 반드시 받아야 했다. 그러나 당시 세계를 지배하고 있던 영국이 이를 방해함으로써 러시아 함정들의 빠른 항해에 큰 타격을 주었다. 이렇듯 영국이 물심양면으로 지원한 덕에 일본이 러일전쟁에서 승리할 수 있었지만, 일본이 전쟁 준비를 매우 치밀하고 철저하게 한 것 또한 승리의 원동력인 건 사실이다. 이러한 일본의 치밀함을 보여주는 상징과도 같은 것이 배앓이 약 정로환이다.

이후 이 신약 정로환은 우리나라에 들어오면서 한자 이름이 변화되어 지금과 같은 '正'露丸이 되었다. 물론 이제는 일본도 정로환의 한자를 우리와 같이 바를 정正 자로 변경해 사용하고 있다. 바다로부터 나온 배앓이 약 정로환이 다시 원래의 이름으로 돌아갈 일이 일어나지 않기를 바랄 뿐이다.

같은 듯 다른
베네치아와 소양강 뱃사공

뱃사공은 베네치아의 전문직

물의 도시 베네치아 뱃사공은 세계 최고의 매력남이라고 불린다. 언뜻 잘 상상이 되지 않겠지만 남자가 보아도 멋있을 정도다. 뱃사공의 대부분이 구릿빛 피부의 젊은이인데다 그럴듯한 유니폼에 멋진 뱃사공 모자까지 쓰고 있다. 베네치아에는 도로와 자동차가 없다. 대신에 운하와 수상 택시가 있다. 크고 작은 운하가 바로 도로 역할을 하고 배가 곧 택시다. 말 그대로 물의 도시다. 이 수상 택시를 운항하는 사람들이 베네치아의 뱃사공들이다.

베네치아의 뱃사공은 산마르코San Marco 광장과 리알토Rialto 다리를 오가는 곤돌라gondola를 몬다. 곤돌라의 의미는 원래 '흔들리다'라는 뜻인데, 배가 움직이는 것을 나타낸다. 산마르코 광장 이야기가 나온 김에 부언하면, 이탈리아에는 '산'으로 시작하는 명칭이나 지명이 많다. 이탈리아어 '산San'과 같은 것이 영어권의 세인트Saint, 불어권의 생Saint, 스페인어의 산토Santo나 산타Santa 등이다. 이들은 모두 기독교에서 유래한 것으로, 같은 라틴어 어원을 가진 같은 뜻이다. 가톨릭의 성인을 지칭한다.

여하튼 베네치아의 뱃사공은 세계적으로 유명하다. 특유의 가로 줄무늬 셔츠 유니폼에 둥근 챙이 달린 모자를 쓰고 있다. 이들이 노를 저으며 태양을 배경으로 칸초네canzone 〈오 솔레 미오O Sole Mio〉 한 자락을 특유의 미성으로 불러제끼면 감탄사가 절로 나올 정도로 멋지다. 곤돌라는 현대식 모터보트를 사용하지 않고 뱃사공이 손으로 노를 저어서 운항한다. 그래서 더 가치가 있다. 우스갯소리로 이탈리아에 가면 노래방에서 노래 부

그림 1-12 베네치아의 곤돌라와 뱃사공

르지 말라는 말이 있다. 뱃사공들도 기막히게 노래를 잘 부르지만, 우리식 노래방에서 아르바이트하는 한국 학생들도 성악가 지망생들이 많기 때문이다.

이러한 뱃사공이 그냥 나온 것은 아니다. 그들은 엄연히 자격증이 있고 나름대로 엄격한 교육과정을 이수한 전문 직종의 전문 직업인이다. 그것이 차이를 만들어 낸다. 어릴 적 소양호에서 본 뱃사공은 땀에 찌들고 삶에 지친 모습이었다. 우리나라의 호수나 바다를 운항하는 여객선을 타면 선장이나 선원들이 멋있다는 생각이 잘 들지 않는다. 오히려 고생이 많겠다는 생각이 우선 든다. 그런데 유럽이나 북미에서 여객선을 타면 선장이나 선원들이 고생한다는 생각보다는 참 괜찮아 보이고 멋진 직업이라는 생각이 먼저 든다. 우리의 뱃사공이 어릴 적 소양호에서 본 모습이라면 베네치아의 그들은 자부심이 가득한 전문 직업인 모습이다. 지금도 크게 변하지 않은 우리와 그들의 차이라 할 수 있다. 혼자만의 생각은 아닐 것이다.

미래의 꿈이 뱃사공?

우리의 뱃사공은 역사적으로 항상 힘든 모습이었다. 조선 시대 뱃사공은 천민이었고 대를 이어 어쩔 수 없이 해야 하는 천한 직업이었다. 매우 전문적이고 하루 이틀에 연마할 수 있는 기능이 아니었음에도 그러했다. 배를 이용하고 지불하는 삯도 돈이 아니라 물건이었다. 한 달에 한 번 정도 그 배를 이용하는 동네 사람들이 주는 쌀이나 곡식 등으로 생활했다. 그러다가 전쟁이나 무슨 문제가 생기면 가장 먼저 징발되는 처지였다. 그러니 전문 직업인의 모습이나 직업 정신이 있을 리 만무했다.

승객을 태우고 내리기 위해 배를 대는 곳을 선착장이라 한다. 우리에게 있어 선착장은 희망에 찬 곳이라기보다는 주로 이별과 한이 깃든 곳이다. 낙동강 뱃사공이든 소양강의 뱃사공이든 양평 두물머리의 뱃사공이든 모두 가슴 아린 한을 지닌 뱃사공들이다. 그에 비해 서양의 선착장은 미래와 희망을 품은 곳이다. 청교도의 희망을 품은 메이플라워호가 떠난 1620년 영국의 플리머스Plymouth항이 그랬고, 콜럼버스가 대항해를 떠난 1492년 스페인의 팔로스Palos항이 그랬다.

무엇이 이 차이를 만들었을까? 먼저 자기 직업에 대한 자부심과 인식의 차이라고 생각한다. '내'가 없으면 안 된다는 확고한 직업 정신의 유무가 그런 차이를 만들었다는 이야기다. 여기에 이를 뒷받침하는 나름의 복장 차이도 큰 몫을 담당했다고 생각한다. 사소한 일이라 생각하겠지만, 깔끔한 제복 차림의 서양 뱃사공 모습은 우리의 뱃사공 모습과 비교되면서 부럽기까지 하다. 우리도 좀 멋지고 가치가 있도록 바다의 직업을 가꾸어 나갈 필요가 있다. 젊은이들에게도 매력 있는 전문 직종이 되도록 말이다.

지금과 같은 추세가 지속되면 앞으로 우리나라의 인구 감소 문제는 심각한 상황에 직면할 것이다. 조금 과장해서 말하면, 앞으로 한 세대인 30년 정도 후에는 우리의 농촌이나 어촌에서 사람 구경하기가 힘들어질 것이다. 그런 시기가 되기 전에 호수나 바다에서 배를 운항하는 선원들을 국토 관리를 위해 반드시 필요한 필수 요원으로 대접해야 한다. 그들 없이는 우리의 바다가 비어버릴 것이기 때문이다. 바다에 어민들과 선원들이 나가지 않으면 누가 바다를 관리할 것인가. 우리의 바다는 우리의 어민들과 선원들, 즉 바닷사람들이 있기 때문에 우리의 바다인 것이다. 우리는 그들을 국가 유지의 필수 인력으로 대우하고 지원해야 한다. 대한민국의 바다가 존속하기 위해서 말이다. 모두 이러한 인식을 가지고 바다 종사자들을 대했으면 좋겠다.

지금은 우리 아이들이 장래 희망으로 선원이 되겠다고 이야기하면 아마도 대부분이 펄쩍 뛰며 말릴 것이다. 누가 좋은 꿈이라고 응원하며 지지를 보낼까? 우리와 같이 바다와 관련한 업무를 했던 사람들도 선원이라는 직업이 선뜻 좋은 꿈이니 꼭 그렇게 되라고 응원하기가 어려운 게 현실이다.

앞으로 우리나라에서 어부나 선원이 된다고 했을 때 '괜찮은 전문 직업'이라는 이야기를 들을 수 있기를, 또 우리 스스로도 추천할 수 있기를 희망해본다. 그럴 때 대한민국은 진정 바다의 나라가 되는 것이다.

조개껍질은 돈,
어부는 갑부였을까

조개껍질의 역할

동양의 한자 문화권에서 돈이나 재산과 관련된 한자에는 모두 조개를 의미하는 '패貝' 자가 들어 있다. 화폐貨幣, 재산財産, 자본資本 등이 그 예다. 그 이유는 간단하다. 옛날 동양에서 동전이나 지폐 같은 일정한 형태가 있는 돈이 나오기 이전에는 조개껍질이 화폐의 역할을 대신했기 때문이다.

그렇다면 해안가에 사는 어부들은 갑부였을까? 그렇지 않다. 왜냐하면 이 조개 화폐는 내륙의 수도나 큰 도시에서만 상징적인 수단으로 사용되었기 때문이다. 이런 이유로 바닷가 어부들에게는 조개껍질이 아무리 바닷가에 지천으로 널려 있어도 그림의 떡이었다.

이처럼 가치라고 하는 것은 내가 주장하는 것이 아니라, 다른 사람들이 널리 인정해줘야 하는 것이다. 바닷가에 지천인 조개껍질이 그것을 말해 주고 있다.

돈은 무게다

돈을 맡기고 거래하는 곳을 은행銀行이라고 한다. 왜 더 값비싼 금이 있는데 '금행'이라고 하지 않고 은이 들어간 은행이라고 할까? 그것은 은행 시스템이 동양보다 먼저 확립된 서양에서 일반적으로 통용되던 기본 화폐가 은이었기 때문이다. 은을 기반으로 하면서 은 주화를 발행했으니 은행이 된 것이다. 금을 기본 화폐로 하면 좋았겠지만, 금이 워낙 귀하고 물량이 적었기에 일반적으로 통용될 수 없는 한계가 있었다. 물론 나중에 '금본위제'라 해서 기본 체제가 금이 되기도 했지만, 은 주화는 그 자체가 은으로 만들어져 가치가 있는 진짜 돈이었다. 지금의 종이로 만든 지폐는 그 자체로는 가치가 없는 것이다. 국가라는 발행 주체가 그 가치를 담보하고 있기에 지폐에 인쇄되어 있는 숫자대로 가치가 주어질 뿐이다. 유럽에서는 돈이라는 것이 은에서 나왔기 때문에 무게가 매우 중요했다. 그래서 돈의 표기도 대부분 무게를 나타내는 단위다. 영국의 파운드pound, 독일의 마르크mark, 스페인의 페소peso와 레알real이 모두 무게를 나타내는 단위다.

재미있는 것은 미국의 달러가 스페인 달러에서 나왔다는 사실이다. 미국 달러를 나타내는 표시인 '$'는 이사벨 여왕과 결혼해 스페인을 통일한 페르난도 왕가의 문장이었다. 왕가의 문장과 지중해 지브롤터에 있었다는 헤라클레스의 두 기둥이 결합된 형태다. 그래서 원래는 두 기둥을 의미하는 세로의 줄이 두 개였다. 이러한 배경을 바탕으로 미국 독립 후인 1857년까지 백 년에 가까운 기간 동안 스페인 달러는 미국 달러와 더불어 미국 내에서 공식적인 화폐로 통용되었다. 영국에서 독립한 마당에 영국 화폐 파운드를 사용할 수는 없는 상황이었음을 고려하면, 당시 신대륙에서 널리 통용되던 스페인 달러를 자연스럽게 받아들인 것을 이해할 수 있다. 당시 신대륙과 필리핀 등 아시아에서 통용되던 스페인 은화가 페소였고, 이 페소의 원조가 바로 스페인의 은화 탈레로talero였다. 세계의 화폐 역할을 하던 이 탈레로에서 미국 달러가 나왔다.

조개껍질에서 보듯이 우리가 쓰는 화폐는 바다와는 떼려야 뗄 수가 없다. 과거에 바다는 세계 그 자체였다. 물론 지금도 바다는 바로 세계다. 바다 없는 세상은 상상할 수 없고, 바다에서 유래한 화폐만큼 바다는 그 무엇보다 중요하다.

지구의 기후,
바다의 손안에

바다는 큰 냄비, 육지는 작은 냄비

누구나 요즘은 그 어느 때보다 기후나 기상에 민감하다. 지구의 온난화와 관련해서 기후변화와 기상이변을 걱정하고, 북극과 남극의 빙하가 녹는다는 뉴스에 귀를 기울이게 된다. 또 일상적으로는 하루를 시작하기 전 바깥 온도를 체크해 입는 옷을 결정하고, 그에 따라 패션도 바꾼다. 비가 오는지에 따라, 황사나 미세먼지가 있고 없고에 따라 외출 준비가 완전히 달라지기도 한다.

그렇기에 이전에는 국가기관인 기상청에서만 예보하던 기상예보가 상업적으로 이용되면서 이제는 비즈니스가 되는 세상이 되었다. 물론 기상

예보가 외국에서는 일찌감치 돈이 되는 사업 대상이긴 했다. 구체적으로 말하면, 해양 플랜트 등 해상 작업에서는 통상적인 기상예보가 아닌 특정 해역의 특정 시간대에 집중해 정밀하게 예보해주는 기상예보가 필요하다. 예를 들어 우리나라 울산의 ○○중공업에서 커다란 해양구조물을 바지선 위에 올려 수천 마일 떨어진 중동으로 운반한다고 하면, 우리나라에서 중동까지 운송하는 항로상의 날씨는 엄청나게 중요할 수밖에 없다. 이 과정에서 정밀하고 정확한 기상예보는 바로 돈이 되는 사업인 것이다.

지구의 기후를 결정하는 자연적인 인자는 전 세계에서 세 곳이다. 태평양(특히 남태평양)과 북대서양 두 곳의 바다와, 육지에 있는 히말라야산맥과 티베트고원이라는 것이 기상학자들의 의견이다. 일반인이야 속속들이 그 요인을 알 수 없지만 듣고 보면 매우 합리적인 결론이라는 생각이 든다.

태평양은 이름과는 달리 기후 측면에서는 평화와 평온의 바다가 아니라 가장 험한 바다다. 태평양이란 이름은 마젤란이 세계 일주를 하면서 대서양에서 남미 대륙의 남단에 위치한 마젤란해협을 벗어나니 바다가 잔잔해졌다고 해서 붙여졌다. 하지만 이는 태평양이 평온한 바다라서 그런 것이 아니라 구조적인 특성으로 인해 그리된 것이다. 아프리카의 희망봉 해역이나 남미의 마젤란해협 등은 대륙의 끝이거나 해협이어서 많은 물이 부딪치며 좁은 해역을 흐르다 보니 물살이 매우 험할 수밖에 없다. 남해안에서 진도로 건너가는 해협인 울돌목, 즉 명량해협의 물살이 엄청나게 센 것과 같은 이치다.

바다는 육지보다 더 오래 열을 저장할 수 있다. 해양이 지구 기후를 조절할 수 있는 이유는, 지면이나 공기보다 태양열을 저장하는 열 저장 용량이 훨씬 크고 시간이 걸리기 때문이다. 쉽게 말해 육지는 작은 냄비이고 바다는 그보다 몇 배 큰 냄비라고 보면 된다. 작은 냄비가 작은 열만 가해도 금방 끓어오르는 것과 같은 이치다.

대양 중 가장 북쪽 끝에 있는 대서양 북부 해역의 표층수나 북태평양의 알래스카, 그리고 시베리아 부근의 바닷물은 수온이 낮고 무거워서 가라앉기 쉽다. 반대로 열대 지방 해역의 바닷물은 뜨겁고 가벼워 수면으로 올라와 자연스럽게 바닷물이 지구 전체를 순환하게 된다. 이를 해양 컨베이어 벨트conveyor belt라 부르는데, 이를 통해 열대와 한대 해역의 열과 물질이 서서히 여행을 하며 지구의 기후를 조절하게 된다. 예를 들어 유럽에서는 이렇게 가라앉는 북대서양 바다의 물을 보상하기 위해 열대의 따뜻하고 가벼운 표층수인 멕시코만 난류가 수면으로 올라와서 북쪽으로 흘러들어가 유럽의 온화한 기후를 결정하게 된다. 마찬가지로 남극을 둘러싸고 있는 해역의 차갑고 무거운 물 역시 가라앉으며 열대 해역으로 이동한다. 그리고 반대 작용으로 남반구의 남대서양, 인도양, 남태평양의 더운 표층수는 남극 방향으로 이동하게 되어, 눈에 보이지는 않지만 누구도 막을 수 없는 거대한 해류currency가 이 순간에도 전 세계 바다에 흐르고 있다.

육지에서는 히말라야산맥과 티베트고원이 기후에 가장 많은 영향을 미치는 것으로 알려져 있다. 인도양 등 바다에서 불어오는 바람과 습도를 지

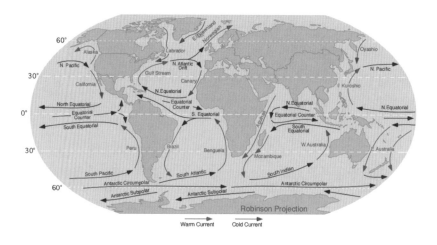

그림 1-13 세계 해류의 흐름을 표시한 지도

구의 가장 높은 산맥과 고원이 어느 정도 차단하느냐가 내륙 지방의 기후에 영향을 미친다. 결국 바다의 인자가 기후에서는 가장 중요하다고 보면 된다. 하긴 히말라야산맥이나 티베트고원도 한때는 바다였으니 지구의 기후 전체를 좌우하는 것이 바다라고 해도 크게 틀린 말은 아니다. 그렇다. 지구의 기후는 바다 손안에 있고, 바다에서 결정된다.

태풍은 바다의 몸부림

해마다 태풍이라는 불청객으로 인해 크고 작은 피해를 입곤 한다. 우리에게 태풍은 참 얄미운 존재다. 수산 양식장과 농작물 등에 말도 못 할 피해를 남기기 때문이다. 그래서 과거에는 태풍 피해가 없기를 바라는 마음에서 태풍의 이름을 부드러운 여성 이름으로 짓기도 했는데, 요즘은 그것도 성인지 감수성에 어긋난다고 해 중성적인 꽃이나 동식물의 이름 등으로 바꾸어 부르고 있다. 기대와는 달리 부드러운 여성 이름의 태풍이 오히려 더 큰 피해를 주는 것을 보면 이름과는 무관한 것 같다.

태풍은 연간 20~30개 정도 발생이 되는데, 우리나라에는 주로 가을에 2~3개 정도가 직접적인 영향을 미친다. 태풍의 이름은 1950년대 호주에서 처음 붙였다. 처음에는 기상 예보관들이 개인적으로 싫어하는 정치인 등의 이름을 비공식적으로 붙여 조금은 희화적이고 낭만적인 이름이었으나 이것이 점차 공식화되었다. 태풍의 이름은 1999년까지는 괌에 있는 미국 태풍 합동 경보 센터에서 지었으나, 2000년대 들어서면서 태풍의 영향을 받는 아시아 14개국이 각기 10개의 태풍 이름의 후보를 제안하고 이중에서 일정한 조합으로 이름을 붙이는 것으로 바뀌게 되었다. 이 이름들이 다 사용되고 나면 처음으로 돌아가서 다시 사용하게 되는데, 루사나 매미처럼 큰 피해를 입힌 태풍의 이름은 여기에서 탈락시켜 다른 이름으로 변경하게 된다.

태풍과 같은 강력한 열대성 저기압 현상은 지역에 따라 다르게 불린다. 우리와 같은 동북아시아 지역에서는 태풍이라 부르지만, 미국과 멕시코만의 카리브해 지역에서는 허리케인hurricane, 인도나 스리랑카 등 서남아시아에서는 사이클론cyclone, 호주 북동부에서는 윌리윌리willy-willy라 부른다. 유럽 지역에는 태풍과 같은 자연현상은 없지만, 토네이도tornado 같은 돌풍이 가끔 불어와 큰 피해를 입히곤 한다.

태풍은 자연현상으로 보면 불가피한 존재다. 태풍이 없으면 과도하게 축적된 열대지방의 에너지가 극지방으로 이동하는 것이 불가능해 지구는 불균형 상태에 빠진다. 이렇게 되면 아마도 열대지방은 사람이 살지 못하는 곳이 될 것이다. 태풍은 열대 해역에 집중된 열에너지를 비상수단을 통해 빠르게 극지로 보냄으로써 지구의 균형을 잡아 주는 역할을 한다. 통상적인 시간과 흐름을 넘어서는 편중된 열에너지가 균형을 잡아가는 과정이 바로 태풍이라는 자연현상이라고 보면 된다.

태풍처럼 특정 문제가 특정 시기에 집중되어 삶의 어려움이 가중되는 경우가 많은 걸 보면, 우리 삶도 어쩌면 지구의 기후와 비슷한 것 같다. 몸과 마음의 균형을 잘 잡으라는 이런 신호를 잘 극복할 필요가 있다. "이 또한 지나가리라"는 솔로몬의 말처럼 삶의 태풍이 지나고 나면 또 추억이 되어 이를 회상할 날이 오지 않겠는가.

육지 줄게
바다를 다오

석유 나는 땅 대신 바다를 주세요

우리가 사는 한반도는 삼면이 바다라 주위를 둘러보면 항상 바다가 있다. 그리고 내륙지역에 살아도 두어 시간 정도만 운전하면 바다에 닿을 수 있다. 이 얼마나 복 받은 국민이고 나라인가.

지구 전체를 통해 보면, 유엔 회원국 195개 국가 중 20%가 넘는 45개 국가가 바다 한 뼘 없는 내륙국이다. 이처럼 바다 없는 국가가 생각보다 많다. 게다가 바다가 있다고 해도 해안선 길이가 50킬로미터 미만으로 아주 짧은 국가들이 많다. 해안선 길이 50킬로미터는 우리가 내륙 도시인 줄로 착각하기도 하는 천년고도 경주시가 가지고 있는 해안선 45킬로미터와 비슷하다. 해안선이 짧은 나라들은 이라크, 콩고, 보스니아, 요르단 등 대륙별로 골고루 분포되어 있다. 그런데 이런 나라들은 짧은 해안선을 오히려 매우 다양하고 알차게 활용한다. 짧은 해안선에 항구나 해수욕장, 휴양지 등을 잘 배치해 짜임새 있게 이용하는 것이다.

이들 국가 중 중동의 요르단은 원래 지중해 해안을 끼고 있는 국가였으나, 제2차 세계대전 후 이스라엘이 독립하면서 내륙국이 되고 말았다. 바다가 있다가 없어져 보면 바다가 얼마나 소중한지 더 절실히 깨닫는 법이다. 1965년 요르단은 사촌 국가인 사우디아라비아(요르단과 사우디아라비아는 같은 뿌리를 지닌 왕족이 다스린다)에 '우리에게 바다를 달라'고 SOS를 보냈다. 개인 사이에도 그렇지만 국가 간에도 공짜란 있을 수 없는 법이다. 요르단은 사우디아라비아로부터 홍해의 오른편 끝에 있는 아카바Aqaba 만의 해안 26킬로미터를 얻는 데 성공을 하게 되지만 그 대가로 6천 제곱킬로미터, 알기 쉽게 말하면 서울의 10배에 해당하는 내륙의 땅을 사우디아라비아에 넘겨주게 된다. 그런데 아이러니하게도 나중에 요르단이 사우디아라비아에 넘겨준 그 땅에서 석유가 발견되는 바람에 지금도 요르단은 중동에 있지만 산유국이 아니다. 안타깝게도 요르단의 나머지 땅에서는 석유가 전혀 나지 않기 때문이다. 우리가 요르단의 상황이었으면 내륙의 유전 지대를 사우디아라비아에 넘겨주고 해안선 26킬로미터를 얻은 협상의 주역들과 책임자들을 매국노라고 해서 단죄해도 몇 번을 단죄했을 것이다. 그러나 요르단 국민들은 그렇게 하지 않았다. 오히려 이 26킬로미터의 아카바 해안은 요르단 국민들의 국민 해변이 되었다. 여기에서 해수욕을 즐기며 여름 휴양을 하는 것이 요르단 국민들의 일생일대의 소원이다. 또 요르단의 유일한 항구인 아카바항이 국가 경제의 숨통을 열어 주고 있다. 유전 지대를 사우디아라비아에 양보해서 아깝고 원통한 생각을 가질 만도 한데 요르단 국민들은 오히려 정반대다. 요르단 국민들이 보여주는 바다 사랑은 대단하다 못해 부럽기까지 하다. 요르단의 사례는 국가 전략과 경제적인 측면에서 바다가 가지는 엄청난 가치를 보여준다. 육지의 땅이나 유전보다 몇 배 더 소중한 바다이고 해안이다.

우리 한반도로 눈을 돌리면, 우리는 해안선이 15,000킬로미터나 된다.

그림 1-14 요르단의 유일한 항구 아카바항

요르단의 시각에서 보면 시베리아보다 더 큰 대륙하고 맞바꿀 수 있는 가치를 지닌 우리의 해안이다. 이처럼 소중한 바다라니, 우리는 분명 복 받은 국민이다.

어느 내륙국의 '바다의 날'

남미에 볼리비아라는 국가가 있다. 지금은 바다가 없는 내륙국이어서 해발 3,800미터 안데스산맥 고원에 위치한 남미 최대 호수 티티카카 Titicaca호를 바다처럼 여기는 국가다. 그런데 볼리비아가 원래부터 내륙국이었던 것은 아니다. 19세기 말 칠레와의 전쟁에서 패하면서 태평양 연안에 있는 해안을 빼앗겨 내륙국이 되어버렸다.

볼리비아는 바다 항구가 없어서 남미에서도 못사는 나라의 대열에서 벗어나지 못하고 있다. 얼마나 빼앗긴 바다를 향한 열망이 컸으면 칠레에 바다를 빼앗긴 3월 23일을 '바다의 날Dia del Mar'로 지정해 매년 이를 기념하고 있을까. 그것도 우리나라 바다의 날과 같이 여러 기념일 중 하루가 아니라 공휴일로 말이다. 볼리비아는 매년 바다의 날에는 사무실 문을 닫고 대통령부터 일반 시민들까지 모두가 바다를 되찾겠다는 결의를 다진다. 심지어 해외 각국에 주재하는 대사관에서도 3월 23일 바다의 날이 되면 이를 기념하는 조촐한 행사를 개최할 정도다. 바다가 있다가 없어져 보면 바다가 얼마나 중요한지를 새삼 깨닫게 된다. 볼리비아는 지금도 바다를 향한 꿈을 접지 않고 있다. 오죽하면 내륙 호수 티티카카호에 수천 명의 해군 전력과 70척의 해군 함정을 운용하며 잠수함과 해병대까지 보유하고 있을까. 볼리비아의 바다를 향한 열정은 남미의 열대 태양보다도 뜨겁다.

우리나라의 바다의 날은 장보고 대사가 완도에 청해진을 설치한 날인 5월 31일이다. 그런데 이 바다의 날은 수십 개 정부 기념일 중의 하나로 바다 관련 가족들만 기억하는 날이다. 아쉬운 우리의 바다의 날이 아닐 수 없다. 우리도 볼리비아처럼 해외 대사관에서까지 바다의 날을 기념하는 날이 오기를 바란다. 아니 일본처럼 공휴일이 되기를 희망해본다.

바다가 있다고 모두 다 해양 국가는 아니다. 바다가 있다는 것은 해양 국가가 되기에 아주 좋은 조건을 갖추었다는 것을 의미할 뿐 그 자체로 해양 국가가 되는 것은 아니다. 반대로 바다가 없다고 해서 해양 국가가 되지 못하라는 법도 없다. 남미의 볼리비아나 몽골, 스위스 등은 바다는 없어도 진정한 해양 국가라고 보아야 한다. 그들의 바다를 향한 열정과 의지는 어느 해양 국가보다도 뜨겁고 강하기 때문이다. 바다의 날을 국가 공휴일로 지정한 내륙국 볼리비아는 바다는 없지만 진정한 해양 국가다.

물고기의 등이
푸른 까닭

등 푸른 생선의 비밀

어린아이들에게 바다를 그리게 하면 십중팔구는 바다의 색을 푸른색으로 색칠한다. 그리고 누가 보아도 바다는 분명 푸른색으로 보인다. 이렇게 바다가 푸른 이유는 바닷물이 푸른색이기 때문은 아니다. 알다시피 물은 투명한 무색으로 색이 없다. 과학자들에 따르면, 빛이 바다에 도달하면 바닷물은 이를 반사하기도 하고 흡수하기도 하는데, 이때 주로 붉은색은 흡수하고 푸른색은 반사하기 때문에 바다가 푸른색으로 보인다고 한다. 비단 바다뿐만이 아니고 내륙에 있는 호수나 개울도 깊은 곳을 보면 바다처럼 모두 푸른색으로 보인다. 따라서 모든 햇빛이 흡수되는 150미터 이상의 깊은 바다색은 암흑이다. 모든 빛이 바닷물에 흡수되어 차단되므로 빛이 도달하지 않기 때문이다.

가끔 바다색이 붉은색으로 보이는 것은 적조나 해조류의 이상 번식에 의한 일시적인 현상에 불과하다. 물론 특정 해역에 지속적으로 특정 광물질이 유입되거나 특정 조류가 번식한다면 바다색이 특정한 색을 띨 수도 있다. 하지만 이는 예외적인 경우에 해당한다. 또 가끔 얕은 해안의 바다가 매혹적인 에메랄드빛으로 보이는 것도 바닥에 있는 모래 등의 영향인 것이지 바닷물의 색은 아니다. 그렇다면 러시아와 우크라이나의 흑해Black Sea나 중동의 홍해Red Sea, 우리나라의 황해Yellow Sea처럼 바다의 명칭이 특정한 색으로 불리는 것은 무슨 이유일까? 그 해역에 유입되는 대규모의 강물이나 토사에 의해 상대적으로 작은 규모의 해역이 이런 색에 가깝게 변화하기 때문에 붙여진 이름으로 이해하면 된다.

등 푸른 생선은 영양분이 풍부한 물고기로 알려져 있다. 고등어나 참치 등이 대표적인 등 푸른 생선이다. 그런데 물고기의 등은 왜 많고 많은 색 중에서 바다를 닮은 파란색이 되었을까? 여기에는 종족 보존을 위한 치열한 경쟁과 진화의 역사가 숨어 있다. 아마도 초기의 물고기들은 등이나 배의 색깔이 모두 같거나 비슷했을 것이다. 그러다 하늘에서 물고기를 노리며 날아다니는 바닷새의 공격에 무방비로 노출되는 자신을 보호하기 위해서 적응과 진화가 시작된 것이다. 물고기 등의 푸른색은 하늘을 날다가 물로 내려와 물고기를 사냥하는 새나 육지의 동물 등으로부터 자기를 보호하기 위해, 바다와 같은 파란색을 띠게 된 일종의 보호색이다. 물고기는 시시각각 몸의 색깔을 바꾸며 자기를 보호하는 육상의 카멜레온처럼 변화무쌍하지는 않지만, 초보적인 수준의 보호 능력은 갖춘 셈이다.

흰색의 물고기 배

그런데 반대로 물고기의 배는 왜 하얀색일까? 이것 역시 보호색의 하나다. 바다 밑에서 위를 쳐다보면 하늘과 햇볕으로 인해 밝게 보인다. 흰 비늘로 밝게 빛나게 해 바다 아래에서 공격해오는 큰 물고기로부터 자신을 보호하기 위한 보호색인 것이다. 약육강식의 세계에서 생존경쟁의 험난한 과정을 보여주는 경우다. 수억 년 동안 축적된 경험과 적응 속에서 현재와 같이 물고기는 등은 푸르고 배는 하얗게 변한 것이다.

그러나 생존하는 데 이러한 보호색만으로 부족한 물고기는 나름대로 필살기 하나쯤은 겸비하고 있다. 빠른 속도로 헤엄을 친다던가 날치처럼 급하면 하늘을 나는 경우가 그렇다. 그것도 아니면 바닥을 파고 들어가 숨거나 먹물을 뿌려 대항하는 등 나름의 생존 비법을 터득하고 있다. 그러고 보면 물고기는 매우 현명하다. 실제로 어부들의 말을 들어보면, 물고기는 머리가 좋은 편이라고 한다. 어군 탐지기 등 현대식 어구를 동원해서 물고기를 잡아도 생각만큼 잘 잡히지 않는 경우가 많다. 물고기의 지능지수가 제법 되기 때문이다. 낚시를 해본 사람들은 알겠지만, 물고기 잡기가 그리 쉬운 게 아니다. 아무리 그럴듯하게 위장을 하고 좋은 낚싯대와 구미 당기는 밑밥을 뿌려도 웬만해서는 잘 속아 넘어가지 않는 것이 물고기다. 오히려 인간이 물고기에게 속아 넘어가는 경우도 가끔 있다.

인간사도 그렇다. 속이려다가 거꾸로 자기가 속아 넘어가는 경우가 많은 것이 세상이다. '속고 속이는 게 없는 바른 삶이 정도正道'라는, 백 번 천 번 강조해도 변하지 않는 진리가 실현되는 사회였으면 좋겠다.

우리의 보호색

어지럽고 험한 세상이라고 한다. 이런 세상에 사는 우리는 무엇으로 보호색을 삼아야 할까? 그 무엇이든 자기만의 보호색을 하나쯤은 갖고 살아야 하는 세상이 맞긴 하지만, 살다 보면 헷갈릴 때가 많다. '무조건 정직해야 하나? 무조건 바르게 사는 것이 정답인가?' 이렇게 의문이 들 때가 있다는 이야기다. 세상은 그리 호락호락하지 않고, 자신을 보호하고자 보호색을 장만하면 또 다른 얼굴의 천적이 나타나 이를 무력화시키곤 하니 그럴 만도 하다. 어쨌든 이래저래 참 힘든 세상이다.

그러고 보면 성형을 통해 얼굴의 모습을 바꾸거나 짙은 화장으로 치장을 해도 진실한 마음과 생활보다 더 확실한 보호색은 없을 듯하다. 어떠한 경우라도 밖으로 보이는 외형의 보호색보다는 내면의 보호색이 더 강한 법이다. 언제 어느 때 있을지 모를 공격으로부터 우리를 안전하게 지켜 줄 든든한 내면의 보호색을 하나씩 갖추어 나갈 일이다. '나'만의 진정한 보호색은 무엇인가! 물고기에게서 삶의 지혜를 배워야 할 때다.

바다에서 나온
나라와 도시 이름들

호주는 큰 섬? 작은 대륙?

지구에는 200여 개가 넘는 크고 작은 나라들이 있다. 이 중에는 섬나라도 있고, 아예 바다가 한 뼘도 없는 나라도 있다. 바다가 전혀 없는 내륙국 land-locked state이 45개국으로 유엔 회원국 195개국의 4분의 1 정도가 된다. 나머지 150개 국가는 바다가 있거나 섬나라다. 이 중 섬나라가 50개국 정도이니 내륙국과 섬나라가 우연하게도 비슷한 비중을 차지한다.

그런데 호주는 섬일까, 대륙일까? 국제적으로 통용되는 섬의 기준은 바로 그린란드다. 그린란드는 면적이 217만 제곱킬로미터로 우리 남한의 20배가 넘는 대단한 크기다. 본토인 덴마크가 5만 제곱킬로미터이니 면적으로만 보면 수십 배에 달하는 엄청난 해외 영토를 가지고 있는 셈이다. 지구에서 그린란드가 가장 큰 섬이고, 가장 작은 대륙이 호주다.

지질학적으로는 대륙을 구분하는 기준이 좀 다르다. 독자적인 대륙판이 있어야 하는 등 별도의 기준을 적용하고 있다. 아시아에서는 인도네시아와 파푸아뉴기니가 공유하고 있는 뉴기니섬이 78.5만 제곱킬로미터로 가장 큰 섬이다. 세계적으로는 두 번째로 크다. 그 옆에 인도네시아와 말레이시아, 브루나이가 공유하고 있는 보르네오섬이 75만 제곱킬로미터로 세계에서 세 번째로 큰 섬이다.

아시아의 뉴기니섬 이야기가 나와 덧붙이면, '뉴기니'라는 이름은 이 섬 지역이 아프리카 기니 지역과 비슷한 경관을 보인다고 해 스페인이 이름 붙인 데서 유래한다. 아시아의 섬이 아프리카의 기니와 무슨 관계가 있다고 이렇게 이름을 붙였을까! 이렇듯 서양 관점에서 붙인 국가명이나 섬들이 의외로 많다. 필리핀이라는 국호가 16세기 중반 스페인이 필리핀을 식민지화할 당시 스페인 국왕이었던 필리페 2세의 이름을 따서 지은 것이 그 대표적이다.

우리나라에서는 섬 지역을 묶어서 '도서 지역'이라고 부르는데, 도서島嶼에서 도島는 상대적으로 큰 섬island을 의미하며 서嶼는 상대적으로 작은 섬islet을 의미한다고 보면 된다.

바다에서 유래한 국가들

전 세계 각 국가의 국가명은 나름대로 다양한 유래를 가지고 있다. 거주하는 민족의 이름이나 땅에서 유래된 경우가 있고, 발견하거나 역사적으로 유명한 통치자의 이름에서 나온 경우도 있다. 더 나아가 근대 서양 입장에서 자기들의 편의에 따라 붙인 경우도 많다.

그중 바다와 관련한 국가 이름들이 눈에 띈다. 우리에게 익숙한 국가 중에서도 바다에서 나온 이름을 가진 국가들이 많은데 가장 대표적인 것이 포르투갈이다. 포르투갈Portugal은 이름 그대로 항구라는 의미다. 리스본에 이은 제2의 도시 포르투Porto의 라틴어 표기, '따뜻한 항구'라는 의미의 '포르투스 칼레Portus Cale'에서 유래되었다. 참고로 포르투갈 최강의 축구 클럽 FC포르투의 연고지가 바로 이 항구도시 포르투다.

서인도제도의 대앤틸리스제도 동쪽 끝에 푸에르토리코Puerto Rico라는 작은 나라가 있다. 콜럼버스가 1493년 두 번째 신대륙 항해 시에 도착한 지역인데, 이 나라의 이름은 스페인어로 '풍부한 항구Rich Port'라는 의미다. 이름에 걸맞게 자연조건도 좋고 물산이 풍부해서 푸에르토리코는 서인도제도에서 가장 잘 사는 나라 중 하나다.

또 아프리카에는 코트디부아르Côte d'Ivoire라는 나라가 있는데, 아프리카 서쪽에 위치하며 한반도 면적보다 큰 나라다. 이 나라는 과거에는 불어식 표현인 코트디부아르보다 영어식 표현인 아이보리코스트Ivory Coast로 많이 불리기도 했다. 영어나 불어나 모두 코끼리의 '상아해안'이라는 의미다.

이는 과거 식민지 시대 아프리카의 코끼리 상아가 유럽으로 수출되던 항구와 해안에서 나온 이름이다. 얼마나 많은 코끼리가 희생되었으면 상아 해안이 되었고 나라 이름이 되었을까.

물론 태평양이나 대서양의 많은 도서 국가들은 '○○ Island'처럼 국가 이름 자체에 섬나라임이 나타나 있는 경우가 많다. 태평양상에 있는 폴리네시아Polynesia와 미크로네시아Micronesia, 멜라네시아Melanesia의 경우처럼 많은 국가가 이름에 섬이라는 의미에서 Island가 붙어 있다. '네시아nesia'라는 의미가 다도해라는 뜻이니 당연히 섬이 많은 지역인 것이다.

호주 동쪽에 위치한 뉴질랜드New Zealand는 특이하게 네덜란드어에서 유래하고 있다. 1642년 뉴질랜드를 처음 발견한 것은 영국인이 아니라 네덜란드 탐험가 아벨 타스만Abel Tasman이었다. 이후 네덜란드에서는 새로 발견한 땅의 이름을 네덜란드 본토의 남쪽에 바다를 끼고 있는 지역의 이름인 'Nova Zeelandia(새로운 바다의 땅new sea land이라는 의미)'를 따서 같은 이름으로 불렀다. 의도했는지는 모르나 참으로 뉴질랜드에 안성맞춤의 이름이다. 100여 년이 흐른 1760년대 영국이 낳은 불세출의 영웅 제임스 쿡 선장이 뉴질랜드를 본격적으로 탐험하면서 네덜란드가 붙인 지명을 영어식으로 바꾸어 현재의 뉴질랜드가 되었다. 네덜란드어에서 영어로 표현은 바뀌었으나 의미는 동일하다. 즉, '새로운 바다의 땅'이라는 의미다. 그리고 뉴질랜드를 처음 발견한 타스만의 이름은 지금도 여러 곳에 남아 있다. 뉴질랜드와 호주 사이의 바다가 태즈먼해Tasman Sea라 불리고 있고,

뉴질랜드 남섬에는 태즈메이니아Tasmania주가 있다. 호주의 남쪽에 있는 섬의 이름 태즈메이니아도 그의 이름에서 나왔다. 참고로 '오스트레일리아'라는 말은 라틴어로 남쪽의 땅이라는 의미의 '아우스트랄리스australis'에서 유래했다.

중동의 바레인Bahrain은 아라비아반도와 카타르 사이의 페르시아만에 있는 아주 작은 섬나라로, 면적은 서울보다 조금 크고 인구는 150만 명 정도다. 국호 바레인이라는 말은 섬나라답게 '두 개의 바다'라는 의미의 아랍어에서 나왔다.

재미있는 것은 유럽의 아일랜드Ireland다. 아일랜드는 영국 바로 서쪽에 위치하고 있어 영국으로부터 지속적인 침략과 지배를 받아왔다. 그 결과가 지금의 북아일랜드Northern Ireland로 남아 있기도 하다. 우리가 통칭하는 영국의 정식 국호(약칭으로 UK)가 영국 본섬과 북아일랜드 연합 왕국 정도의 의미를 갖는 'United Kingdom of Great Britain and Northern Ireland'로 불리는 까닭이 여기에 있다. 이 아일랜드는 섬이라는 단어와 발음은 같으나 섬이라는 의미가 아니고 아일랜드의 수호 여신인 '에이레Eire'가 영어로 옮겨지면서 붙여진 이름이다. 즉, 아일랜드는 에이레(아일랜드 말이다)의 땅이라는 의미다. 그런 이유로 지금도 아일랜드 국내적으로는 에이레로 불린다.

바다에서 나온 도시들

세계의 주요 도시 중에도 바다에서 유래한 이름이 많다. 우리나라를 포함해 한자를 사용하는 한·중·일 3국의 도시 중에도 바다를 의미하는 이름이 붙은 경우가 많지만, 여기에서는 서양의 도시만 소개하기로 한다.

우선 바이킹의 나라 덴마크의 수도 코펜하겐Copenhagen은 덴마크어로 무역이나 상업을 의미하는 'copen'과 항구를 의미하는 'hagen'이 연결되어 붙여졌다. 우리말로 번역하면 '무역항 또는 상업항' 정도로 아주 평범한 도시 이름이다. 우리말로 하면 그냥 항구라는 말 자체가 도시 이름이 된 셈이다.

벨기에의 중심 항구이자 상업 도시인 앤트워프Antwerp도 항구라는 뜻을 가진 'werp'에서 나온 것으로, 우리말로 번역하면 '항구'라는 아무런 감흥이 없는 맹맹한 이름이 되어버린다. ('ant'는 '~에'라는 의미다.)

결국 코펜하겐과 앤트워프는 자국어로 표현했을 때 말만 다를 뿐이지 모두 항구라는 의미다. 그렇게 보면 코펜하겐이 앤트워프이고 앤트워프가 코펜하겐인 셈이다.

우리나라 사람들이 손꼽는 신혼여행지이자 관광지인 하와이의 중심 도시는 호놀룰루Honolulu다. 하와이 원주민 말로 하와이는 '고향'이라는 의미이고, 호놀룰루는 '조용한 항구'라는 의미다. 'hono'가 항구port란 뜻이고 'lulu'가 조용하다calm라는 뜻이다. 호놀룰루는 원주민의 고향 하와이의 중심 도시로 하와이의 전통을 짙게 지니고 있는 곳이다. 또 해군의 군항이자 상업항으로 기능하며 고향과 타향을 이어주는 천혜의 항구와 국제공항이 있는 도시이기도 하다. 현실에 있어서는 오히려 이름과는 달리 매우 바쁘고 복잡한 도시다.

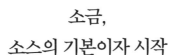

소금,
소스의 기본이자 시작

샐러드가 소금?

보통의 사람들은 뷔페식당에 가면 먼저 싱싱한 야채에 다양한 드레싱을 얹어서 먹는 것으로 식사를 시작한다. 건강에도 좋고 맛도 좋아서 입맛을 돋워 주기 때문이다. 이것이 바로 야채 샐러드salad다. 우리의 어머니들은 여기에서 더 나아가 야채와 과일에 찐 계란까지 섞은 후에 마요네즈를 듬뿍 넣어서 버무린 일명 '사라다'를 만들기도 했다. 지금도 여기에 참치나 연어, 닭고기를 넣어 다양하게 만든 우리식 샐러드 '사라다'가 제법 인기가 있다.

그렇다면 이 샐러드는 무슨 뜻일까? 의외라고 생각하겠지만, 바로 소금

salt이란 의미다. 영어의 어머니랄 수 있는 라틴어에서 소금은 'sal(살)'이라 불렸는데, 여기에는 바다라는 의미도 있다. 로마 시대 군사들이나 신하들의 보수를 소금sal으로 지급했다고 해서 지금도 봉급이 샐러리salary다. 샐러드나 봉급이나 모두 다 같은 어원인 것이다. 즉, 샐러드란 로마 시대에 야채를 그냥 먹기에는 밍밍하고 맛이 없어 여기에 소금을 뿌려 먹게 된 데에서 유래한다. 지금으로 보면 소금이 바로 최고의 드레싱이었던 셈이다.

이렇게 이름으로만 보면 샐러드의 주인은 야채나 과일 등의 내용물이 아니라 소금이다. 주객이 바뀌었는지는 모르나, 여하튼 소금 없는 야채 샐러드는 좀 그렇긴 하다. 샐러드는 소금이고 바다다.

소스의 원조는 소금

동양과 서양 음식은 여러 가지 면에서 차이가 있지만, 특히 국물이 있느냐 없느냐에서 그 차이가 뚜렷하다. 동양 음식에는 국물이 매우 중요한 요소를 차지한다. 이에 반해 서양 음식에는 국물보다는 음식에 덧붙여서 먹는 소스sauce가 중요한 요소다. 서양 음식에서 야채와 고기에 붓거나 뿌려서 먹는 것을 소스라고 하는데, 이 소스는 서양 음식의 맛을 결정하는 백미다. 지금은 우리 음식에도 소스를 이용한 음식들이 많아지긴 했다.

그렇기에 서양에서 이 소스를 준비하는 과정은 매우 정교하다. 우리의 상상을 초월하는 집념과 온갖 재료들의 조합으로 셰프chef들만의 특별한 소스들이 탄생하곤 한다. 이 소스라는 말 자체도 라틴어 소금sal에서 나왔다. 과거에는 지금처럼 다양한 소스가 개발된 것이 아니어서 기본적으로 음식에 뿌려서 먹을 수 있는 것이 소금이었다. 소금은 지금도 소스를 만드는 데 매우 중요한 역할을 한다. 그래서 유명 셰프들은 자기만의 맛을 내기 위해 따로 사용하는 특별한 소금을 별도로 휴대하기도 한다. 그야말로 소금은 소스의 기본이자 시작이다.

스페인이나 미국 남부 지역, 또는 중남미를 여행하다 보면 매콤하고 자극적인 살사salsa 소스를 많이 접하게 된다. 물론 요즘은 굳이 해외에 나가지 않더라도 이 살사 소스를 즐길 수 있는 곳이 우리 주위에 많기는 하다. 그런데 이 살사라는 말은 스페인어로 소스를 의미한다. 바로 소금이라는 의미가 있고, 당연히 라틴어 소금인 살sal에 그 어원을 두고 있다.

바다에는 3.5%의 소금이 함유되어 있지만, 이 소금이 없으면 바다가 되지 못한다. 우리 몸도 소금이 부족하면 건강에 큰 문제가 생긴다. 소금이 없는 우리 몸과 우리 음식, 우리 생활은 존재할 수도 상상할 수도 없다. 참으로 위대한 소금이다.

소시지와 핫도그

여행을 하거나 운동경기를 볼 때 손에 들고 간편하게 먹을 수 있는 음식이 햄버거와 핫도그다. 둘 다 서양에서 전해진 패스트푸드이지만 비슷하면서도 좀 다르다.

핫도그는 빵 사이에 기다란 소시지를 끼워서 케첩이나 다른 소스를 얹어서 먹는 것이 일반적이다. 그런데 이 소시지는 서양에서만 먹은 것이 아니고 중국이나 동남아시아에서도 비슷한 형태의 음식을 즐겨 했다. 아마도 부족한 동물 단백질을 보충하기 위한 고육지책이었을 것이다. 버리다시피 하는 내장을 활용한 음식으로 서민들의 음식이었지만, 맛은 상당히 좋아서 소시지에 대한 이야기가 호메로스의 〈오디세이〉에도 기록되어 있을 정도다.

소시지sausage라는 말은 라틴어에서 유래하고 있는데, '소금을 뿌리다'라는 라틴어 '살시쿠스salsicus'에서 나왔다. 즉, 돼지나 소 내장에 야채 등을 넣고 소금으로 간을 해 굽거나 쪄서 먹었던 데에서 유래한다.

이렇게 만든 소시지 중에서 햇볕과 날씨가 좋은 이탈리아에서 오래 보관하고 먹을 수 있도록 반쯤 건조시킨 것이 살라미salami다. 지금은 유럽의 많은 나라로 전파되어 일반화되었다. 살라미는 다른 소시지와는 달리 굽거나 쪄서 먹는 것이 아니라, 여러 겹으로 얇게 잘라서 빵이나 야채 등에 얹어서 먹는다. 그렇기에 한꺼번에 어떤 사실을 밝히지 않고 양파처럼 하나하나 천천히 시간 들여서 공개하거나, 정치적·군사적으로 제거하고자 하는 대상을 일거에 제거하지 않고 하나씩 단계별로 제거하는 것을 '살라미 전술salami tatic'이라 부른다. 여하튼 소시지의 한 종류인 이 살라미도 소금이라는 'sal'에서 나왔다.

지금과는 좀 상황이 다르지만, 과거 독일 지역에는 돼지가 좋아하는 먹이인 도토리나무와 상수리나무가 많았다. 그만큼 돼지 키우기에 아주 적

격이었다. 그래서 독일, 오스트리아, 스위스 등 독일어권 사람들은 돼지의 내장으로 소시지를 만들어 먹었는데, 이 중 독일의 프랑크푸르트Frankfurt 지역에서는 상대적으로 작고 가는 소시지를 13세기경부터 만들어 먹었다. 이렇게 작고 가는 프랑크푸르트 소시지를 프랑크푸르트 지역에서 먹는 소시지라 해서 프랑크푸르터frankfurter라 불렀다. 현재 우리나라 사람들이 즐겨 먹는 붉은색의 가늘고 작은 소시지를 프랑크 소시지라고 부르는 것은 프랑크푸르터를 줄여서 부르는 말로 프랑스와는 관계가 없다.

그리고 이 소시지를 '작은 소시지'라는 의미에서 '비엔너wiener(독일어로 '작다'라는 뜻) 소시지'라 불렀다. 그런데 이 소시지가 18세기 말경 오스트리아의 수도 비엔나Vienna로 소개가 되면서 독일의 프랑크푸르트 소시지보다 더 작은 타원형에 가까운 소시지로 만들어지게 되었다. 우리에게 익숙한 매듭으로 줄줄이 동그랗게 연결된 비엔나소시지는 프랑크 소시지보다 더 작게 만든 소시지다. 작은 소시지라는 의미의 '비엔너' 소시지가 오스트리아의 수도 비엔나와 발음이 같아서 비엔나소시지로 우연히 불리게 된 것이다. 프랑크 소시지와 비엔나소시지는 크기만 다를 뿐 뿌리는 같은 셈이다.

그런데 왜 빵 사이에 소시지를 넣은 패스트푸드를 뜨거운 개라는 의미의 '핫도그hot dog'라 부르게 되었을까? 핫도그에 개dog가 들어가 있을 리도 만무한데.

프랑크 소시지가 18세기 말에 미국으로 소개되면서 세계박람회나 운동경기가 열릴 때 독일에서 이주한 사람들이 '닥스훈트' 소시지라 부르며 관중들, 특히 돈이 없는 하층민에게 이를 판매했다. '닥스훈트' 소시지라 불린 이유는 이 소시지가 독일의 다리는 짧고 몸통은 긴 사냥개 닥스훈트 Dachshund를 연상시켰기 때문이다. 지금 생각해도 절묘한 비유다. 1901년 미국 뉴욕의 폴로polo 경기장에서 인기리에 팔리던 닥스훈트 소시지를 본 〈뉴욕 저널New York Journal〉의 유명 만화평론가 태드 도건Tad Dorgan이 만화 기사로 이를 소개했다. 그런데 빵 사이에 소시지 대신 닥스훈트가 짓는 모양의 그림을 올리면서 독일어인 닥스훈트의 철자가 생각나지 않자 닥스훈트가 개라는 것에 착안해서 자기 생각대로 핫도그hot dog라 이름을 붙였다. 이 새로운 이름이 원래의 이름인 프랑크푸르터나 닥스훈트 소시지보다 대중의 관심을 더 끌게 되면서 이 음식의 이름이 아예 '핫도그'가 되어버렸다. 신문기자의 우연한 실수 아닌 실수로 핫도그가 되어버린 닥스훈트 소시지다. 굴러온 돌이 박힌 돌을 빼낸 격이고 나이스 미스nice miss인 셈이다.

어쨌든 바다와 소금에서 나온 소시지이고 핫도그다. 바다는 이렇게 늘 우리 일상 속 우리 곁에 있다.

제2부

바다 닮아 가기

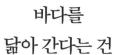

바다를
닮아 간다는 건

낮은 곳에 서기, understand

매년 12월이면 아무리 춥고 어려워도 성탄절은 어김없이 찾아온다. 그리고 동지가 지나면 해가 길어지기 시작한다. 해가 길어지기 시작한다는 것은 어둠이 서서히 물러가고 태양이 한 걸음 더 우리 곁에 다가오기 시작함을 의미한다. 우리에게 '해'는 동해에서 시작해 서해로 진다. 바다에서 시작해 바다에서 마무리하는 것이다. 매년 새해가 되면 동해안이 사람들로 한바탕 난리가 난다. 첫 태양을 바다에서 맞이하기 위해서다. 이렇게 새해에 바다를 찾는 건 희망과 미래를 바다에서 찾고자 해서 그렇기도 하지만, 더 중요한 이유는 바다에서 마음의 위안과 평안을 느끼기 때문이다.

2021년 말 그동안의 동면에서 깨어나《호모 씨피엔스》라는 책을 출간했다. 책을 출간하고 나자 생각지도 못한 이런저런 곳에서 '일상 속에서 만나게 되는 바다 이야기'를 주제로 강연 요청이 들어왔다. 강연을 할 때마다 나는 다음과 같은 말로 강의를 마무리하곤 한다. "우리 모두 바다를 닮은 사람이 됩시다!" 세상 누구보다 낮은 곳에 있고 겸손하며 항상 그 자리에 있는 바다처럼 되었으면 한다는 말이다.

영어 단어 'understand'만큼 우리의 일상생활에서 자주 쓰이는 단어도 없을 것이다. 시골에서 농사를 짓는 연세 지긋한 어르신들도 "언더스탠드?" 하며 상대방과 말을 할 때가 많다. 아마도 '오케이'나 '땡큐' 정도를 제외하고는 일상에서 가장 많이 사용하는 영어 단어가 'understand' 아닐까 싶다.

이 'understand'라는 말은 다 아는 것처럼 우리말로 '이해하다' 또는 '이해가 되다' 정도로 해석된다. 그런데 이 단어의 구조를 잘 살펴보면 알겠지만, 원래의 뜻은 '아래에 서다'라는 말이다. 그렇다. 우리가 남을 이해하기 위해서는 남보다 높은 곳에 서서는 안 된다. 바다처럼 가장 낮은 곳에 서야만 이해할 수 있다. 우리말에 '입장을 바꾸어 놓고 생각해보라'는 의미의 역지사지易地思之라는 말이 있다. 이 말과 같다고 생각하면 맞을 것이다. 종교적으로 보면, 예수님이 세상에서 가장 낮은 곳인 마구간의 먹이통 구유를 통해 이 세상에 온 이유와 같다. 바다가 보여주는 속성은 예수님의 큰 사랑과 많은 부분이 닮았다고 생각한다. 바다는 세상 가장 낮은 곳에 있으며 항상 아래에 있기 때문이다.

마찬가지로 남의 어려움이나 아픔이 내 것이 되기 위해서는 바꾸어 생각할 줄 알아야 한다. 서 있는 곳을 바꾸어 서 보아야 서로를 알 수 있다. 등산을 해보면 올라갔던 길로 다시 내려오는 데도 처음 와 보는 길처럼 낯설게 느껴질 때가 종종 있다. 시인 고은은 '내려갈 때 보았네 올라갈 때 못 본 그 꽃'이라 하여 이를 절묘하게 표현하고 있다. 그렇다. 우리가 시각을 바꾸고 생각을 바꾸면, 그동안 보지 못한 수많은 그 꽃을 찾을 수 있다. 이 기회에 바다를 보는 시각도 바꾸어 보았으면 좋겠다. 누가 알겠는가! 바다에서 그동안 보지 못한 수많은 '그 꽃'이 불현듯 보일지.

같이 서기, withstand

세상을 살다 보면 잘났거나 못났거나 어려운 일에 직면하기 마련이다. 직장에서든 가정에서든 이런저런 어려움이 없을 수 없는 게 사람 삶이기 때문이다. 그리고 이런 어려움을 잘 이겨내는 과정이 우리네 삶이기도 하다.

영어 단어 'withstand'는 우리말로 '이겨 내다', '견디어 내다'라는 말이다. 그런데 이 단어를 구조적으로 살펴보면, 누군가와 '같이' '함께 서 있다'라는 말이 된다. 외롭게 혼자 서 있지 않고 같이 서 있는 모습이다. 그렇다. 우리 주위에 누군가 역경에 처했을 때 같이 서 있어 주면 그는 모진 고난도 이겨 낼 수 있다. 이는 바다의 모습과 같다. 바다는 덥거나 춥다고 불평

하지 않는다. 태풍이 몰아치고 폭우가 쏟아진다고 자리를 피하지도 않는다. 묵묵히 그저 견디어 낼 뿐이다. '바다는 비에 젖지 않는다'는 말과 꼭 같은 'withstand'의 의미다.

'우리' 모두 바다를 닮아 남을 이해하며(understand), 함께 곁에 서서(withstand) 잘 견디어 낼 수 있었으면 좋겠다. 바다를 닮은 '우리'가 있는 곳, 세상은 참 살 만한 곳이다.
　조금씩 바다를 닮아 가는 우리가 되어 보자.

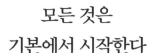

모든 것은
기본에서 시작한다

기본으로 돌아가기

공직에 있을 당시 해양 분야를 공부하는 학생들이나 해양수산부에서 사회생활을 처음 시작하는 사회 초년생들을 대상으로 강연할 기회가 종종 있었다. 젊은 사람들을 대상으로 이야기할 수 있어 영광스럽기도 했지만, 젊은 청춘들의 이야기를 들을 수 있어 더 귀하고 소중한 자리였다. 그만큼 개인적으로 설레고 고마운 시간이었다. 강연을 시작하면 우선 아이스 브레이킹ice breaking 목적으로, 가장 익숙하고 많이 사용하는 용어나 단위에 대해 그 유래를 물어보곤 했다.

그런데 일반 학교 졸업생은 물론이고 해양계 전공자들도 의외로 톤ton

이나 노트knot 등 해운 분야뿐만 아니라 일상에서도 빈번하게 사용하는 기본적인 것들을 깊이 있게 알지 못했다. 아예 고민해보지도 않은 것 같다는 인상을 받았다. 그들이 자기들의 전문 분야에서 깊고 넓은 지식을 갖추고 있지 못하다고 이야기하는 것이 결코 아니다. '기본'에 대해 말하고 싶은 것이다. 고차원적이고 복잡한 방정식도 기본에서 시작하지 않던가! 살아가면서 불가피하게 마주하는 예상치 못한 난관에 봉착할 때 문제 해결의 첫걸음은 기본으로 돌아가는 것이다.

어떤 경우든 기본에 충실하는 것, 기본으로 돌아가는 것이 가장 빠른 지름길이고 정도正道이고 왕도王道다. 그러고 보니 우연하게도 나의 모교 춘천고등학교의 교훈이 바로 정도正道였는데, 이제야 그 참뜻을 알 듯하다.

우리는 디지털 시대에 살고 있다. 디지털의 장점은 빠르고 결과가 명확하다는 것이다. 그리고 누구도 이의를 제기하기 어렵다는 것이다. 어쩌면 이런 점이 젊은이들에게 딱 맞는 특성인지도 모르겠다. 그러나 그 중간 과정은 전혀 알지 못한 채 생략이 되거나 내부에서만 알 수 있다. 이렇게 최종 결과만이 제시되다 보니 결과 중시 사회가 되어버렸다. 그것도 대통령 선거의 출구 조사 결과처럼 한순간에 나타난다. 찬찬히 생각해보면, 기본과 과정 없이 결과만 제시되는 것은 무언가 중요한 것이 빠진 것처럼 허전하다. 과정 없는 결과는 없다. 결과가 나오는 과정이나 기본 요소가 중요하다는 이야기다. 당연히 알고 있어야 하는 기본적인 것들에 대해 언제, 누가, 어떻게 또 무슨 이유로 그것이 만들어지게 되었는지 들여다보는 것은 나름의 가치가 있다.

우리가 당연하다고 생각하는 것들도 사실은 당연하지 않게 형성되어 온 것이고, 또 기본이라고 생각하는 것들도 나름의 매우 깊은 역사적 배경과 철학이 있는 법이다. 그것을 잊으면 안 된다. 기본에 충실하고 기본을 잘 아는 것이야말로 결국 그 기본을 뛰어넘을 수 있는 가능성을 높이는 것이기 때문이다. 육지의 높이 해발고도가 바다의 수준 원점인 벤치마크bench mark '0미터'에서 시작하듯이, 모든 것은 기본에서 시작한다.

주·전·자

나는 새롭게 사회생활을 시작하는 사람들이나, 무엇인가 새로운 것을 시도하는 사람들을 만날 때마다 '주·전·자'를 권한다. 뜬금없이 무슨 주전자 타령일까?

첫 번째의 '**주**'는, 자기가 하고 있는 일이나 분야에 대해 **주인 의식**을 가지라는 말이다. 주인공 의식이 아닌 주인 의식을 일컫는다. 주인은 여러 명이 될 수 있으나 주인공은 오로지 한 명만 가능하다. 주인이 많을수록 그 조직은 발전한다. 그러나 주인공이 많으면 그 조직의 운명은 말하지 않아도 뻔하다. 자기 스스로 다들 주인공이라 생각하거나 주장하면, 배가 산으로 갈 수밖에 없다.

두 번째 '**전**'은, 자기가 속하거나 하는 일에 대해 전문가다운 **전문성**을 가져야 한다는 말이다. 누군가 자기 일에 대해 물었을 때 '역시 전문가는 다르구나' 하는 소리가 나와야 한다. 자기 분야에서 자기 자신이 다른 사람으로 쉽게 대체되지 않는 사람이야말로 전문가이고 가치 있는 사람이다. '내'가 없으면 조직에 큰 문제가 생길 정도의 실력을 갖춘 전문가가 되어야 한다. 아무나 대체할 수 있으면, 언제든 누군가와 대체될 수 있다.

마지막 '**자**'는, 일과 자신과 조직에 대해 **자부심과 자긍심**을 가져야 한다는 말이다. 주인 의식을 가진 사람으로서 자부심과 자긍심은 필수다. 외부에 나가 자신의 조직을 험담하는 사람처럼 답답하고 멍청한 사람은 없다. 듣는 사람이 겉으로는 맞장구를 칠지 몰라도 속으로는 비웃는 법이다. 자부심과 자긍심은 자신의 경쟁력과 연결된다. 그리고 바로 조직의 경쟁력이 된다.

이 세 가지, **주·전·자**를 위해 우리는 기본으로 돌아가야 한다. 우리 모두의 발전을 위해 기본으로 돌아가자. 주·전·자의 속성은 바다를 닮았다. 비에 젖지 않는 바다는 우리의 '주·전·자'다.

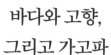

바다와 고향,
그리고 가고파

바다를 사랑한 시인

내 고향 남쪽 바다, 그 파란 물 눈에 보이네.

꿈엔들 잊으리오, 그 잔잔한 고향 바다.

지금도 그 물새들 날으리, 가고파라 가고파.

시 〈가고파〉의 한 구절이다. 마산역 광장에 가면 노산鷺山 이은상의 〈가
고파〉 시비詩碑가 있다. 노산은 바다와 습지의 새인 '해오라기'의 산이라는
의미다. 이은상 시인의 고향에 있는 뒷산, 해오라기가 날아가는 형상의 산

이라는 의미의 노비산鷺飛山 이름에서 나왔다고 한다. 그의 호號(노산)에서
도 바다의 향기가 느껴진다. 지금은 창원과 통합되어 창원시 마산합포구
가 되었지만, 개인적으로는 아직도 마산이 익숙하고 마산으로 부르는 것
이 편하기도 하다.

노산은 〈가고파〉 시비 이외에도 마산 지역에 많은 흔적을 남겼는데, 마
산합포구의 노산동도 노산 시인의 호에서 비롯되었다. 또 그의 시 제목 '가
고파'에서 마산의 '가고파 국화 축제'가 나왔고, '가고파 초등학교'도 유래
했다. 물론 그의 생전 행적에 대한 시시비비是是非非가 있는 것이 사실이나,
그의 시 〈가고파〉에서 보는 것처럼 바다와 고향에 대한 정서와 사랑을 절

그림 2-1 마산 산호공원에 있는 〈가고파〉 시비

절하게 표현한 것만은 부인할 수 없다. 노산 이은상은 바다를 사랑한 시인이요, 진정한 '호모 씨피엔스'다.

마산과 노산

나는 2017년 여름, 공직을 그만두고 정치와 행정, 정책 등이 복잡하게 뒤얽혀 2021년 말까지 동면의 세월을 보내야 했다. 2021년 12월 말 첫 저서 《호모 씨피엔스》를 출간하며 격랑을 헤치고 잠에서 깨어나게 되었다.

《호모 씨피엔스》출간 이후 최초의 공식적인 강의가 2022년 3월 창원시 마산에 있는 '합포문화동인회'의 초청에 의해 이루어졌다. 개인적으로 큰 영광이고 기쁨이었다. 그 강의 주제가 지금까지도 변함없이 강의 제목으로 삼고 있는 '일상에서 바다를 만나다'였다. 그러고 보면 지금까지 이어져 오고 있는 강의는 바다의 도시 마산에서 시작되었다고 해도 과언이 아니다.

그런데 첫 강의라는 것보다 나를 더 놀라게 하고 기쁘게 한 것은 바로 강의 초청자이자 주최 측인 '합포문화동인회'라는 존재였다. 이 동인회를 처음 접하고 든 생각은 '대단하고 또 놀랍다'였다.

합포문화동인회는 지난 45년간 매월 인문학 강좌를 이어오고 있었는데, 내 강의가 522회째 강좌였다. 이 동인회의 역사와 활동을 소개하는 동인회 이사장의 목소리에서 느껴지는 자부심과 자긍심은 실로 대단했다. 특히 이 동인회의 강좌는 회원만을 위한 강좌가 아니라 창원·마산 시민

누구에게나 열려 있는 공개강좌였다. 강좌가 열리는 장소 또한 우리나라 민주화운동에 큰 변곡점이 되었던 사건을 기념한 '315아트센터'였다.

더 놀라운 것은 이 모임이 외부로부터 재정적인 도움을 받지 않고 순수하게 회원들만의 자발적인 기여로 운영된다는 점이었다. 정치권 등 외풍의 영향을 전혀 받지 않고 수십 년을 한결같이 활동해온 비결이 바로 여기에 있었다. 바다처럼 깊고 넓은 역사와 전통을 가진 합포문화동인회다.

바다를 닮은 합포문화동인회

그런데 이 합포문화동인회의 설립은 노산 이은상과는 떼려야 뗄 수가 없다. 1970년대 마산·창원 지역에 공단이 조성되어 국가 경제에는 큰 기여를 했지만, 물질 만능과 외형주의의 만연에 따른 창원·마산 시민의 도덕적 해이가 크게 우려되던 상황이었다. 바로 이를 극복하고자 설립된 것이 합포문화동인회였다. 마산 출신의 노산을 중심으로 뜻있는 시민들이 의기투합해서 자발적인 문화 운동을 전개하기로 한 것이다. 그때가 1977년이다. 동인회는 매월 한 번의 문화 강좌와 매년 한 번의 노산 가곡제를 개최하기로 했다. 그 첫 번째가 되는 제1회 문화 강좌가 '충무공의 구국 정신'이라는 주제로 개최된 1977년 노산 이은상의 강의였다. 45년 역사의 시작이었다. 이러한 전통을 가진 합포문화동인회의 522번째 문화 강좌가 바로 '호모 씨피엔스, 일상에서 바다를 만나다'였으니, 참으로 전통 있고 의미 있는 동인회에서의 강의가 아닐 수 없었다.

벌써 50년을 눈앞에 두고 있는 합포문화동인회의 활동과 문화 강좌는 개인적인 평가의 차원을 넘어 많은 것을 시사하고 있다. 지방의 도시가 어떻게 자생력을 기르고 경쟁력을 높일 수 있는지, 문화적으로 수도권과 어떻게 공존하고 그 흐름을 공유할 수 있는지, 작지만 의미 있는 현명한 길을 우리에게 보여주고 있다. 또 뜻있는 지역의 오피니언 리더들이 지역사회와 시민들에게 어떻게 기여할 수 있는지 이 동인회의 모습을 보면 알 수 있다. 서양과 비교해 우리가 자주 듣는 말이, 자기중심적이어서 가족을 벗어나면 기부나 베품 등에 소극적이라는 것이다. 그러나 합포문화동인회에서 창원·마산 지역 리더들이 보여주는 모습은 서양의 리더들과 비교해도 손색이 없다.

강사나 회원으로 현직 정치인은 배제하는 그들만의 운영 원칙이 이 동인회가 장수하는 데 중요한 부분을 차지하고 있다고 생각한다. 베품과 나눔, 그리고 화합과 포용이 바다의 속성이라 한다면 합포문화동인회의 설립 취지와 운영은 그것과 꼭 닮았다. 지역 문화 향상을 위한 노력과 시민사회의 모습이 어떠해야 하는지를 잘 보여주는 마산의 합포문화동인회다. 제2, 제3의 합포문화동인회가 많은 지역에서 출현하고 활동하기를 기대한다. 합포문화동인회의 50주년, 아니 100주년이 벌써부터 기다려진다.

2% 부족은
흠이 아니라 미덕

혼자서는 살 수 없는 우리

우리는 인간이다. 한자로 사람을 의미하는 사람 인人 자를 보면 두 사람이 서로 지탱해주는 모양을 하고 있다. 혼자서는 서기 어렵고 곁에 서 있어 주는 누군가가 필요하다는 의미다. 부부가 그렇고, 가족과 우리 사회가 그렇다. 곁에 있어 주는 누군가가 도움이 되는 존재이든 아니든 곁에 있는 것만으로 우리는 큰 위안을 받는다. 우리가 바다에 가면 보는 것만으로도 큰 위안과 정서적인 안정감을 느끼듯이 말이다. 어찌 보면 우리는 존재 자체로 서로에게 바다가 되어 주고 있는 셈이다.

언젠가 가톨릭 미사를 집전하는 신부님이 강론 중에 이런 말을 했다.

"우리 모두는 조금씩은 부족한 불량품입니다." 순간적으로 격하게 공감했다. 그렇다. 우리 모두는 다 부족한 사람들이다. 우리가 개인적으로 아무리 현명하고 지식이 넘쳐도 혼자서 이 세상을 살아갈 수 없음은 자명하다. 주위의 도움이 없으면 혼자서 살 수 없는 게 우리네 삶이다.

가끔 보는 TV 프로그램 중 '자연인'을 소재로 한 프로그램이 있다. 거기에 나오는 사람들의 연령이 대부분 높기도 하지만, 사연이 있는 사람들이 많아서 보고 있으면 절로 애잔해진다. 한편으로는 생각만 하고 있을 뿐 실천하지 못하는 고향과 어린 시절의 생활로 돌아간 듯해 대리 만족을 느끼기도 한다. 그러나 그 사람들의 모습에서 가장 많이 보이는 것은 '고독'이다. TV를 시청하는 나까지 외로움이 밀려올 정도. 프로그램 제작진을 대하는 그들의 모습에서 사람에 대한 그리움을 볼 때가 많다. 이럴 때마다 '자연과 더불어 살아도 결국 사람이구나' 하는 생각이 든다. 가끔은 "사람이 싫어서 이 자연으로 왔습니다"라고 말하는 소위 '자연인'인 출연자들도, 사람에 대한 그리움으로 가득 차 있다. 그렇다. 우리는 사람 속에서 살아야 하는 존재다. 싫든 좋든.

인디언의 영혼의 구슬

북미에서는 인디언, 남미에서는 인디오라 불리는 신대륙의 본래 주민들은 우리와 같은 뿌리를 가지고 있다고 여겨진다. 아시아의 몽골계라는 것이 DNA 분석 결과로 나오기도 하고 몽골반점도 있다고 하니 틀린 말은 아닐 것이다. 특히 북미 지역에 서식하는 동물들 중 많은 종이 아시아나 시베리아의 동물들과 DNA가 일치한다고 하는 연구 결과도 있는 것을 보면 맞는 말인 것 같다. 콜럼버스가 처음 서인도제도에 도착했을 때 마주친 원주민들이 아시아계의 모습을 하고 있어 그곳이 인도라고 생각했던 것도 무리가 아닌 것이다.

신대륙에 살던 아메리카 인디언에 대한 이야기는 역사의 패자여서 그런지 그리 많지가 않다. 그러나 그중에서도 우리에게 울림을 주는 것은 '영혼의 구슬' 이야기다. 인디언 부족들은 각기 자기들의 여건에 맞게 다양한 구슬을 꿰어서 만든 목걸이를 착용했다. 영화 등에서 보면 치렁치렁한 목걸이를 한 인디언 족장을 볼 수 있는데 그때 보이는 그 목걸이가 바로 그 모습이다.

그런데 인디언의 구슬 목걸이에는 꼭 깨지거나 갈라진 구슬, 즉 흠결이 있는 구슬이 하나씩 있다고 한다. 이를 인디언들은 '영혼의 구슬beads of the soul'이라 불렀다. 실수해서 이런 흠 있는 구슬을 집어넣은 것은 아니고 일부러 하나씩 넣었다고 한다. '무결점의 완벽함'은 신의 영역이라 생각해서 완벽한 구슬 목걸이가 아닌 조금은 흠 있는 목걸이를 착용함으로써 신에 대한 경외감을 표시했던 것이다. 그리고 동시에 부족한 스스로와 인간에 대한 겸손을 나타내는 상징으로 그렇게 했던 것이다. 참으로 지혜롭고 철학적이기까지 한 인디언들이다. 어떤 면에서는 '아시아 가치Asian value'를 공유하는 인디언들이라 그렇게 현명하지 않았나 싶기도 하다.

스스로 흠을 만들어 흠 있는 삶, 겸손한 삶을 추구했던 인디언들은 어쩌면 오히려 '완벽한' 사람들일지도 모른다. 그런 점에서 그들은 낮은 곳에 있는 바다를 닮았다.

페르시아 카펫의 흠

외국에 나가 보면 우리와는 달리 카펫 문화가 발달했음을 알 수 있다. 바닥에 까는 카펫은 기본이고 때로는 벽에도 걸려 있고, 장식할 만한 곳에는 어김없이 카펫이 있다. 특히 실내 벽면에 거는 카펫을 태피스트리tapestry라 부르는데, 아주 앙증맞게 작은 것부터 벽 한 면을 다 덮는 엄청나게 큰 것까지 아주 다양하다. 어디 크기뿐이랴. 문양이며 색도 다양하고 화려함 면에서도 다양하다.

그런데 카펫 중에서도 제일로 치는 게 바로 페르시아 카펫이다. 그 문양과 섬세함, 그리고 감촉에 있어서 최고다. 페르시아는 지금의 이란 지역으로 동양과 서양 문화가 융합되어 문화의 꽃을 피운 지역이다. 이 완벽할 것만 같은 페르시아의 카펫에도 어딘가 하나씩 흠이 있다고 한다. 이를 '페르시아의 흠Persian flaw'이라 한다. 이 페르시아 카펫의 흠도 카펫을 만들 때 기술이 없거나 실수로 잘못 만든 것이 아니라 일부러 그렇게 한 것이라 하니 더욱 놀랍다.

이처럼 우리 인간은 완벽함을 추구하는 것이지 완벽한 존재는 아니다. 너무 완벽한 것은 완벽한 것이 아니다. 인간은 누구나 조금씩 흠이 있고 상처가 있기 마련이다. 겸손한 마음으로 서로 보완해주고 도와주면서 완벽함을 지향해야 하는 이유가 여기에 있다.

인디언의 영혼의 구슬이나 페르시아 카펫의 흠은 우리에게 많은 것을 말해준다. 그중에서도 바다의 속성을 닮았다. 바다는 세상 낮은 곳에 있기에 가장 겸손하고 모든 것을 포용한다. 그리고 새로운 생명력을 불어넣는다. 우리는 바다처럼 남보다 '낮은 곳에 서야(understand)' 한다. 그러면 서로 '이해'할 수 있고 이해가 된다. 그러나 어려울 때는 바다가 항상 그 자리에 있듯이 '같이 서야(withstand)' 한다. 그러면 '견디어 내고 이겨 낼' 수 있다. 바다가 항상 낮은 곳에 서 있고 우리 곁에 있듯이 말이다.

영혼의 구슬과 페르시아 카펫의 흠처럼 여백과 부족의 아름다움을 가진 '우리'가 되었으면 좋겠다. 2% 부족한 것은 그 부족함을 알면 흠이 아니라 미덕이다.

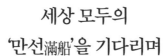

세상 모두의
'만선滿船'을 기다리며

아버지의 웃음

매년 1월 1일 한 해의 시작은 항상 마음을 설레게 하고 희망에 부풀게 한다. 1년 후 실망과 후회로 바뀌어도 시작은 그 자체로 의미 있고 가치가 있다. 보통의 직장인들은 대부분 새해의 시작을 시무식始務式과 함께한다. 2023 해양 수산 분야 신년인사회가 여의도 전경련 회관에서 열렸다. 수산과 해양, 그리고 해운 물류 분야를 망라해 바다 관련 산업에 종사하는 많은 사람이 참석해 성황을 이루었다. 어쩌다 보니 나도 공직을 그만둔 지 5년여 만에 신년인사회에 초청을 받아 참석하게 되었다. 그동안 만나지 못한 많은 선후배를 한자리에서 만나 인사하고 덕담을 건네는 자리였다.

많은 사람이 각자 본인이 바라는 새해 덕담과 희망을 건넸는데, 그중 수산 분야의 사람들이 한결같이 언급한 것이 바로 '만선滿船'이란 단어였다. 아마도 바다 분야의 신년회에서만 특별하게 들을 수 있는 덕담이 아닐까 싶다. 다른 산업 분야에서야 만선이란 단어가 가슴에 와 닿지도 않을 테고, 그 말이 적절하지도 않을 테니 말이다.

한편으로 정감이 있고 또 다른 한편으로는 간절함이 묻어 있는 말이 '만선'인 듯하다. 어업 현장을 직접 경험해보지 않은 사람들은 만선의 기쁨이 어떠한 것인지 피부로 알지는 못하겠지만, 막연하게나마 만선의 행복과 성취감은 알 수 있으리라 생각한다. 보통 만선이라 하면, 화물선에 화물을 가득 싣고 목적지로 향하는 해운 분야의 만선 모습보다는, 밤새 조업을 마친 어선들이 어창에 가득 고기를 채워 만선의 깃발을 휘날리며 항구로 돌아오는 수산 분야의 만선 모습을 떠올린다.

만선이라는 말에는 기쁨을 넘어 당당함이 배어 있다. 만선을 맞이한 어부들의 웃는 얼굴에 가득 담긴 당당함 말이다. 어쩌면 그래서 새해 아침에 솟아오르는 태양의 당당함과 겹쳐 보이는지도 모른다. 바로 우리 아버지들의 모습처럼.

우리 마음속 만선

새해를 생각하면, 동해 바다에서 치솟는 새해 태양의 모습이 먼저 떠오른다. 그래서 새해 첫날을 맞이하는 풍경은 동해안을 오가는 고속도로와 국도 등의 교통 체증일 때가 많다. 한겨울에 이런 고생을 마다하지 않는 것은 희망찬 태양을 보며 좋은 기를 받기 위해서다. 물론 보통의 사람들은 새해 첫날 동해 바닷가까지 가서 새해를 맞이하는 수고보다는 부지런한 사람들과 휴대폰 덕분에 안방에서 편하게 새해 태양의 모습을 감상한다. 어쨌든 우리는 모두 새해 첫날 바다의 태양을 보며 희망과 더 나은 내일을 꿈꾼다.

이렇듯 모든 사람이 희망으로 바라보는 그 바다에서 실제로 희망을 품으며 살아가는 것이 수산인들이다. 새로운 해를 맞이하는 돛을 올렸지만, 새해를 시작하면서 그들이 듣는 말은 "올해도 참 여러 가지 어렵다"가 먼저다. 기름값이 너무 올라 어렵다느니, 고기가 안 잡혀 어렵다느니, 어렵게

그림 2-2 울릉도 일출과 어선의 모습

잡힌 고기는 또 잘 안 팔려 어렵다고들 한다.

최근 몇 년간 우리 연근해 어업은 100만 톤을 밑도는 어획고를 기록했다. 어획량도 문제이지만 잡히는 고기의 크기도 점점 작아지니 더 큰 문제다. 참으로 어려운 우리 수산업이다. 모두 최선을 다해 잘 버티고 이겨 낼 수밖에 없는 현실이 안타깝기만 하다. 그러나 한 해를 보내는 연말쯤에는 또 "그냥저냥 어렵지만 잘 버텼구나" 하는 덕담을 나눌 수 있기를, 서로 안도감을 가질 수 있기를 희망해본다. 수산인 모두의 만선을 응원하고 또 기원하면서 무언가로 꽉 채워질 우리 마음속 만선 또한 기대해본다.

서울은 항구다

바다의 도시

한강 하구와 김포를 통해 바다에 연결되는 마포麻浦는 이름에서 보는 것처럼 과거 서울 한성의 주요 관문이자 항구인 마포 나루였다. 한강을 사이에 두고 마포 바로 건너편에 있는 염창동鹽倉洞은 뱃길을 통해 운반되어 온 소금을 저장하는 창고였다. 광나루(광진구)와 잠실 나루는 지금도 그 이름에서 '나는 바다와 연결된 항구야!'라고 잊힘을 아쉬워하듯 이야기하고 있다. 노량진鷺梁津도 그 이름에서 알 수 있듯이, 조선 수군의 주둔지로서 한성을 수비하는 군사적인 기능을 가진 군항의 역할을 수행했다. 이 노량진에는 배와 포구를 관리하는 도승渡丞이라는 관리가 상주했고, 과천이나 시흥에서 한성으로 들어가는 연결 나루터 역할을 했다. 또 노량진은 우리나라 최초의 철도인 경인선이 출발하는 시작 역이기도 했으니, 육지와 해상에서 매우 중요한 교통 요충지였던 것이다.

지금이야 한강의 많은 항로가 댐과 보로 인해 단절되었지만, 과거에는 남한강과 북한강으로 연결되어 춘천과 충주까지 선박이 운항되었다. 지금의 서울은 잠실과 신곡 수중보, 그리고 한강 하류의 DMZ로 인해 바다와 단절이 되었지만, 당연히 한강은 바다와 연결되어 있다. 서울은 바다의 도시이자 항구도시였다. 트로트 유행가 가사처럼 목포가 항구이듯 '서울도 항구'다.

바다 도시로의 부활

지금도 밀물과 썰물 때 한강의 수위가 변화하는 것을 볼 수 있다. 최근 다시 불붙고 있는 서울시의 '한강 르네상스' 사업은 서울이 바다의 도시이자 항구도시라는 전통을 되살리는 사업이다. 이제 육지의 개발과 재생만으로는 미래 서울의 발전과 우리나라 중추로서의 역할을 감당하는 데 한계가 왔다고 본 것이다. 서울의 이미지를 육지에서 물과 바다로 바꾸어야 한다. 단지 경인 운하와 한강 하구를 통해 물리적으로만 바다와 연결하는 것이 되어서는 안 된다. 서울 시민의 마음과 생활이 바다와 연결되고 바다를 닮은 것으로 변해야 한다.

이런 측면에서 노량진 수산 시장에 대한 기대가 크다. 앞에서 말했지만,

노량진은 과거 수군이 주둔하던 군항이자 조운선의 기항지이고 수산물 시장이었다. 노량진에 수도권 최대의 현대화된 노량진 수산 시장이 있는 것은 우연이 아니다. 노량진 수산 시장에 가 보면 바로 옆에 커다란 운동장 같은 곳을 볼 수 있는데 그곳이 과거 노량진 시장터다. 이 부지가 서울을 바다의 도시로 되살리는 데 아주 긴요하게 활용되어야 한다.

노량진 수산 시장은 한강과 연결되어야 하고 바다로 이어져야 한다. 나아가 노량진 수산 시장은 서울에서 바다를 맛보고 바다를 느낄 수 있는 명소가 되어야 한다. 서울 속의 바다, 아니 서울을 바다의 도시로 만드는 마중물이 되기를 기대해본다.

바다 도시 'Seaty'의 바다 시민 'Seatizen'

한강에는 겉으로는 잘 보이지 않지만 두 개의 수중보水中洑가 있다. 서울의 신곡 수중보는 원래 군사 목적으로 조성되었고, 잠실 수중보는 하천 관리 목적으로 조성되었다. 이들 보를 완전히 철거하는 것은 현실적으로 어렵기에, 차선책으로나마 구조변경 등을 통해 선박의 운항과 해양 생물의 이동 문제를 과학적이고 종합적으로 들여다볼 때가 되었다.

한번 상상해보자. 한강에 크루즈 선박이나 요트 등이 기항하는 모습을! 상상만 해도 신이 나지 않는가. 우리에게 잘 알려진 런던의 템스강이나 파리의 센강을 직접 가 보면 이 정도로 작은 강이었나 싶을 정도로 강폭과 수량이 그 명성에 걸맞지 않다는 사실에 실망스럽기까지 하다. 이런 점에서 보면 우리의 한강은 템스강이나 센강보다 훨씬 잠재력이 큰 강이다. 유럽 여행을 가면 템스강과 센강, 혹은 다뉴브강을 보면서 "왜 우리의 한강은 저렇게 안 될까" 하는 자조 섞인 푸념을 한 번쯤은 늘어놓았을 것이다. 그 이유는 간단하다. 우리는 언젠가부터 한강을 바다와 연결시키려는 시도를 하지 않았다. 바다를 잊고 살아서다. 홍수 관리와 상수원 공급 대상으로 한강 상류로만 고개를 돌렸지, 더 중요한 한강 하류와 바다를 잊고 살았다. 어쩌면 애써 외면하고 있었는지도 모른다.

이제 서울에 바다를 되돌려 줄 때다. 해양 도시 서울에서 바다를 느끼고 체험하는 한강 르네상스를 통해 서울 르네상스를 맞이할 때다. 서울은 바다의 도시 '서울 Seaty'가 되어야 하고, 서울 시민은 '바다 시민 Seatizen'이 되어야 한다.

선박왕 오나시스와
그리스의 바다 사랑

"내 핏속에는 바닷물이 흐른다!"

공직 생활을 하면서 두 번의 해외 근무를 경험했다. 첫 번째 해외 근무는 바로 알프스 요들송과 치즈의 나라, 스위스 제네바였다. 누구나 한 번쯤은 가 보고 싶어 하는, 깨끗하면서도 레만호로 대표되는 경치가 참 아름다운 곳이다. 다 아는 것처럼 제네바에는 수많은 UN의 전문기구들이 소재하고 있다. 이 중 나는 국제노동기구ILO에 파견되어 근무했다. 국제노동기구는 육상뿐 아니라 해상에서의 노사문제도 다루고 있다. 그런데 해상이 육상과는 근로 여건이나 환경이 본질적으로 다른 점을 고려해 별개의 독립적인 해상노동협약을 운영하고 있다.

두 번째 근무지는 한때 바다를 통해 세계를 호령했던 영국의 런던에 주재하는 우리나라 대사관이었다. 해양 국가 영국답게 런던에는 세계 해양 질서를 다루는 UN 기구인 국제해사기구IMO, International Maritime Organization가 소재하고 있다. 나는 대사관에서 주로 IMO에서 열리는 회의를 담당하는 외교관 신분인 '해양수산관'으로 일했다. 2016년부터 IMO의 사무총장으로 우리나라 해양수산부 출신 '임기택' 씨가 근무하고 있다. 우리나라의 유일한 현직 UN 기구 사무총장으로 활발하게 활약하고 있는데, 개인적으로는 나의 후임 해양수산관이기도 하다.

내가 영국 주재 대사관에 근무할 당시 십수 년간 장기 집권하던 캐나다 출신의 IMO 사무총장 오닐O'Neil이 물러나고, 사무차장이던 그리스 출신 미트로폴로스Mitropoulos가 새로운 사무총장이 되었다. IMO 사무총장은 입후보자 중에서 회원국의 투표로 결정되는데, 미트로폴로스가 새로운 사무총장으로 선출되었던 것이다. 미트로폴로스 사무총장이 취임하면서 각국 대사관의 IMO 업무 담당 외교관들을 초청해 취임 축하 파티를 개최했다. IMO 본부가 런던 템스강가에 위치하고 있어서 이 빌딩에 있는 레스토랑에서 보는 템스강과 런던의 야경은 정말 아름다웠다. 특히 웨스트민스터Westminster 의사당과 런던의 명물 시계탑 빅벤Big Ben이 템스강을 사이에 두고 IMO 본부 바로 건너편에 위치하고 있어서 더욱 아름다워 보였다. 이 멋스러운 레스토랑의 저녁 자리에서 미트로폴로스 총장이 자부심 넘치는 목소리로 들려준 이야기가 아직도 기억에 생생하다. "내 몸속에는 바닷물이 흐른다. 나를 포함한 그리스 사람들의 피는 소금물로 되어 있어 좀 더 짜다." 이보다 더 바다에 대한 애정과 열정을 표현하는 말이 또 있을까 싶었다. 나는 그 이전에도 그 이후에도 이 말보다 바다에 대한 사랑을 더 깊고 단단하게 표현한 말을 들어보지 못했다. 물론 그 정도로 바다에 대한 사랑과 열정이 있었기에 IMO 사무총장 자리에까지 올랐다고 생각은 하지만, 나에게는 큰 충격으로 다가온 말이었다.

우리말로 한 분야나 어떤 일에 빠져든 사람을 '뼛속까지 ○○사람', '○○에 미친 사람'이라고 한다. 조금은 거친 표현이지만, 미트로폴로스 사무총장이야말로 바다에 미친 사람 같았다. 그런데 나중에 알고 보니, 그리

그림 2-3 역대 IMO 사무총장의 모습(오른쪽 두 번째가 미트로폴로스, 왼쪽 첫 번째가 임기택 현 사무총장)

스 사람들은 소금물이 자신들의 핏줄에 흐른다는 표현을 다반사로 한다고 했다. 아예 자신들의 피는 소금물인 바닷물로 이루어져 있다고 농담 삼아 이야기하는 사람도 있을 정도였다. 하기야 그리스 시대부터 그리스의 12신 중 하나인 포세이돈(로마신화의 바다의 신 넵투누스Neptunus와 같은 신)을 포함해 수많은 바다의 신이 있었고, 페르시아 등 인근 국가와의 수많은 해전을 통해 지중해의 패권을 거머쥐었던 그리스이고 보면 그럴 만도 하기는 했다.

세계적으로 가장 인기 있는 커피 브랜드 스타벅스의 로고로 사용되고 있는 바다의 요괴 사이렌Siren의 전설도 그리스 인근 에게해Aegean Sea에서 나왔다. 또 이 에게해라는 이름은 호메로스의 〈오디세이〉에서 그려지는 것과 같이 해저에 있는 포세이돈의 궁전이 있는 '아이가이Aegae'에서 유래되었다. 그리고 바로 이 에게해에서 현재 우리나라 서남해의 다도해 지역 또는 군도群島를 의미하는 아키펠라고Archipelago라는 명칭도 유래되었다.

선박왕 오나시스가 왜 그리스에

그리스에서 가장 유명한 인물을 꼽으라면 선박왕 오나시스Onassis가 아닐까 싶다. 그런데 이런 세계적인 선박왕이 아무 이유 없이 그냥 하늘에서 뚝 떨어졌을 리는 없고, 바로 그리스의 바다에 대한 전통과 열정이 선박왕 오나시스를 만들었다고 생각한다. 우스갯소리로 오나시스는 선박왕이기도 하지만 가장 철학적이고 현명한 사람이라 하기도 한다. 그의 전체 이름이 '아리스토텔레스 소크라테스 오나시스Aristotle Socrates Onassis'이기 때문이다.

그리스는 세계적인 규모의 자국 소속 대형 선사는 없지만 전 세계 선박의 약 20%를 가지고 있다. 2022년 기준으로 보면, 우리나라가 1억 톤(DWT 기준)이 조금 안 되는 규모로 세계 4.7%를 차지하며 5위에 해당하고, 그리스는 우리의 4배인 4억 톤에 달하는 선대 규모를 자랑한다. 전 세계 바다에서 항해하는 선박의 5척 중 1척이 바로 그리스 소유라고 보면 된다. 참고로 세계 2위가 중국, 3위가 일본, 4위가 싱가포르다. 그리스를 제외하면 아시아 국가가 상위권을 휩쓸고 있다. 이와 별도로 우리나라가 대단한 것은 전 세계 선박 중 우리나라 조선소에서 건조한 선박이 33%에 해당한다는 사실이다. 이는 현재 전 세계 바다에서 운항하는 대형 선박 3척 중 1척이 우리 손으로 건조한 선박이라는 의미이고 보면, 그리스의 보유 실적 못지않게 자랑스러운 우리 조선소의 건조 실적이다.

그런데 그리스는 이 많은 선박을 자신들이 직접 운영하는 것은 아니다. 우리나라나 일본 등 배가 필요한 나라에 장단기로 빌려주는 용대선傭貸船, chartering or hiring of vessel과 사고파는 전략인 S&Psales and purchase 기법을 끊임없이 구사하며 이익을 극대화하고 있다. 그런데 이러한 해운의 영업 기법은 전 세계의 경제 상황과 해운시장, 금융시장을 꿰뚫고 있어야 가능한 선박 운용 방법이다. 그리스인들은 그동안 축적된 노하우와 경험을 바탕으로 세계 해운과 조선 시장을 이처럼 쥐락펴락하고 있는 것이다. 참고로 2016년 우리 경제와 해운 산업을 강타한 한진해운 사태가 있었는데, 당시 한진해운이 가장 많이 배를 빌린 국가가 바로 그리스였다.

그리스는 우리나라 조선 산업에 구세주가 되기도 하는데, 그리스 선주들이 해운 시황이 어려울 때 과감하게 선박 발주를 하기 때문이다. 해운 시황이 어려우면 대부분의 선사들이 선박 발주를 꺼리게 되고, 이로 인해 선박 건조 가격이 저렴해지는 건 당연한 이치다. 그런데 이때 오히려 과감하게 선박 발주를 해 낮은 가격에 선박을 확보하는 전략을 세우는 것이 그리스 선주들이다. 이렇게 확보한 선박을 해운 시황이 좋을 때 배가 필요한 해운 선사들에게 높은 가격으로 빌려줘 이익을 극대화하고 있는 것이다. 대단한 정보력과 자금력이 뒷받침되지 않으면 시도조차 할 수 없는 투자다. 주식 투자도 마찬가지이겠지만, 이러한 투자의 가장 중요한 것은 선박을 발주하거나 중고 선박을 사고파는 타이밍이다. 전형적인 High Risk, High Return의 모습이라 할 수 있다. 세계 어느 나라 어떤 누구도 이처럼 시장을 분석하고 읽어 내는 능력 면에서 그리스 선주들을 따라올 수가 없다. 이런 감각적인 타이밍이 가능한 건 무엇일까? 그들의 말처럼 그들의 몸속에 바닷물이 흐르기 때문일까? 어쨌든 그리스 선주들의 이러한 발상의 전환 덕분에 우리나라 조선소들은 IMF 시기를 포함해 선박 발주가 없던 어려운 시기를 잘 극복할 수 있었다.

그리스에서는 매년 세계 해양 조선의 흐름을 엿볼 수 있는 전시회 '포시도니아POSIDONIA'가 열린다. 포시도니아는 해양 분야의 가장 큰 전시회로,

매년 초 미국에서 개최되는 가전 전시회 'CES'와 비교될 만한 세계적으로 중요한 행사다. 이 분야 경영자라면 반드시 참석해야 하는 행사이기도 하다. 그리스가 해운 강국임을 보여주는 상징적인 것이 바로 이 포시도니아라 할 수 있다.

우리 기준으로 보면, 세계적인 해운 선사가 없는 그리스는 해운 강국이 아닐지도 모른다. 그러나 분명한 것은 그리스인들은 모두가 뼛속까지 바다 사람이고 해운인이라는 점이다. 그리스에는 놀랍게도 중앙 부처로 해운부Shipping Ministry가 있다. 우리의 해양수산부가 정권 교체기에 부침을 겪는 것과 비교해서 보면, 그리스에서 해운 산업이 차지하는 비중과 국민들의 사랑을 쉽게 가늠할 수 있다. 그리스는 해양 대국 영국 못지않게 바다에 대한 '레거시legacy'를 귀하게 여기는 국가다. 또 바다를 향한 사랑과 열정을 일반 국민들이 공유하는 국가이기도 하다. 역시 제우스의 형제이자 바다의 신 포세이돈의 후예다운 그리스인들의 모습이 아닐 수 없다. 자신들의 몸속에 짜디짠 바다의 소금물이 흐른다고 생각하고, 또 이를 자랑스럽게 여기는 그리스인들이 부러울 뿐이다.

교실 창가의
작은 어항을 그리며

어항은 작은 바다

내 기억 속 어릴 때 학교 교실의 모습에서 빼놓을 수 없는 게 있다면, 창가에 있던 작은 어항이다. 모든 교실에 하나씩은 있었던 것 같다. 그 안에서 놀고 있던 물고기 마릿수도 얼마 안 되고 그리 값나가는 것도 아니었지만, 어항 그 자체가 신비한 자연의 세계였다. 그런데 무슨 연유인지는 모르겠지만, 어느 순간부터 학교 교실에서 어항이 사라져버렸다. 동시에 어항 속에서 수초 사이를 오가던 작은 금붕어 몇 마리도 우리들의 어릴 적 추억 속으로 사라져버렸다.

지금의 교실에는 어항 대신 무엇이 자리를 차지하고 있는지 모르지만,

생명력 넘치는 작은 어항은 그 자체로 생명에 대한 호기심과 소중함을 일깨워 주는 살아 있는 공부였다. 어항은 생명과 환경이 공존하는 곳이었다. 작은 우주이고 작은 바다이고 작은 생태계였다. 작은 생명을 위해 물을 갈아주고 먹이를 주면서 생명의 존귀함과 경이로움을 스스로 배울 수 있었다. 살아 있는 교육이라는 게 달리 또 따로 있을까. 이런 게 바로 그런 교육 아닐까.

1교실 1어항

가끔 횟집 근처를 지나다 보면 어린아이들이 횟집의 수족관에 있는 물고기를 보며 신기해하는 모습을 보게 된다. 때로는 놀라기도 하고 무서워하면서도 아이들은 물고기에게 관심을 쏟는다. 이런 모습을 볼 때마다 유치원이나 학교 교실에 작은 어항이 있으면 굉장히 인기가 있을 것 같다는 생각을 하곤 했다.

물론 물을 갈고 먹이를 주는 일이 쉬운 일은 아닐 테고, 어항이 넘어져 깨지거나 하는 우려도 있을 수 있을 것이다. 하지만 이는 충분히 해결할 수 있는 일이다. 물고기 먹이를 준다거나 하는 아이들이 할 수 있는 일을 제외하고, 정수기 대여 업체에서 정수기를 관리하듯 소위 '관상어 관리사'가 정기적으로 어항을 관리하면 되지 않을까 생각한다.

우리나라 전국의 학교 교실 수가 20만 개가 넘는다고 한다. 대단한 수요가 아닐 수 없다. 사업적으로도 가능성이 있다는 이야기다. 물론 친親환경적이어야 하고, 친아이들적이어야 할 것이다. 아이들에게 어필할 수 있도록 어항의 색상이나 디자인도 신경 써야 할 것이고 물고기 선정 또한 신중해야 할 것이다. 이렇듯 신경 쓰고 고려해야 할 일이 많기는 하겠지만, 어항의 기능은 다양해서 건기인 겨울철에는 자동으로 습도 조절을 해줄 것이고, 황사 등 먼지가 많은 계절에는 미세 먼지를 흡수해 쾌적한 환경을 조성해줄 것이다. 또 어항을 통해 아이들의 정서가 안정되면서 학습 능력이 좋아질 것이고, 인격 형성에도 도움이 될 것이다.

이렇게 장점이 많은 일을 위해 우선 바다가 삶의 터전인 해양수산부나 수협부터 사무실 책상마다 어항 하나씩을 비치했으면 좋겠다. 바다와 수산 주무 부처인 해양수산부의 특성을 가장 잘 보여주는 상징으로 어항이나 수족관만 한 것도 없다고 생각한다. 민물고기도 좋고 바닷고기도 좋다. 여건상 '1책상 1어항'이 어렵다면 사무실에 하나씩만이라도 어항을 가졌으면 좋겠다. 사무실에 있는 화분이나 난을 화원에서 주기적으로 방문해 관리해주듯 어항도 그렇게 하면 되지 않을까. 혹시 '관상어 관리사'라는 새로운 직업이 창출되어 미래 청년들이 선호하는 최고의 직업이 될지 누가 알겠는가.

머지않아 학교 교실의 어항 속에서 반려 물고기 아쿠아 펫aqua pet이 헤엄치는 모습을 볼 수 있기를 기대한다.

두 가지
동면 이야기

동면 붓당골의 추억

공직을 그만두었을 때 자연스럽게 다가온 단어가 '동면'이다. 겨울잠의 의미도 있고 해서 그 당시 내게 잘 어울리기도 했지만, 내가 태어난 곳이 강원도 산자락 화전민촌이던 춘성군 동면東面이라 고향의 의미로 다가오기도 했다. 내 고향 동면 품안리의 붓당골은 소양강 다목적댐(소양댐의 정식 명칭) 건설로 수몰되어 소양호라는 거대한 담수호 물속으로 사라져버렸다. 소양댐이 건설되자 우리 가족은 할 수 없이 겨울에 이사를 나왔는데, 그곳이 춘천 근교에 있는 춘성군 신동면新東面이었다. 같은 춘성군 관내에다 면 이름도 '동면'에 달랑 새롭다는 '신新' 자 하나 덧붙여진 것이지만, 우

그림 2-4 소양강 다목적댐

리 가족에게는 상전벽해라는 비유가 어울릴 만큼의 큰 변화였다.

그때가 내가 한 학년에 1반밖에 없던 품안국민학교 3학년을 마쳤을 때였다. 당시 붓당골 집에서 품안국민학교까지의 거리는 몇 킬로미터가 되는지 잘 가늠할 수 없을 정도로 먼 거리였다. 이런 먼 거리를 운동화는커녕 검정 고무신(어릴 적 우리는 '까망 고무신'이라 불렀다)을 신고 걸어서 다녔다. 책가방도 등에 메는 가방은 동네에서 아주 형편이 좋은 한두 명만 가질 수 있는 고가의 사치품이었다. 이런 사치는 꿈도 꿀 수 없었던 나는 하얀 광목천으로 된 책보를 어깨에 동여매고 학교를 다녔다. 학교 가는 길은 고개를 넘고 돌다리가 있는 개울을 서너 번은 건너야 할 정도로 험난했다.

덕분에 여름에 장마가 지면 학교를 며칠씩 빠지는 호사(?)를 누리기도 했다. 집에서 놀다가 여름 방학을 맞이한 기억도 있다. 여하튼 태어난 동면이건 자라온 신동면이건 결국은 '동면'을 벗어나지 못한 것을 보면, 동면과는 인연이 많은 것은 틀림없다.

보통 실향민은 북한에서 한국전쟁 당시에 남한으로 피난을 나와 고향을 북한에 두고 떠나온 사람들을 일컫는다. 그런데 시야를 넓혀서 보면, 수몰 지구의 원주민도 또 다른 의미의 실향민이다. 소양댐, 안동댐, 충주댐, 영주댐 등 댐 건설로 고향을 등진 국민이 전국적으로 상당할 것이다. 이들 실향민은 하루아침에 생활 근거지와 삶의 터전을 잃고 새로운 곳에 정착해야 했는데, 이들이 겪어야 하는 고생은 말로 다 표현할 수 없을 정도였다. 그중에서도 몇 푼 안 되는 보상비로 감당해야 했던 경제적인 부담이 제일 큰 고난이었다. 그럼에도 불구하고 이 모든 것을 오롯이 자기들의 운명으로 알고 정부 정책에 순응했던 사람들이다.

최근 우리나라의 과거 아픈 역사인 제주 4·3사건이나 여순사건 등을 되짚어 진상을 규명하고 필요하면 보상하는 일이 많아졌다. 이러한 것도 물론 필요하고 중요하지만, 우리나라 근대화의 과정 속에서 시행된 대규모 국책 사업의 추진력 앞에서 당시의 무지 때문이든 강압적인 시대적 상황 때문이든 어려움을 겪었던 사람들도 살펴보아야 할 것이다. 이러한 과정의 일환으로 당시 아무 소리도 내지 못하고 어려움을 감당했던 수몰 지구의 실향민 같은 사람들도 보듬었으면 한다. 필요하다면 경제적인 보상을 포함한 다른 형태의 평가도 해야 한다. 벌써 세월이 많이 흘러 당시 어려움을 온전히 감당한 세대 중 많은 분이 세상을 달리했지만 말이다.

동면하는 물고기

동물의 동면冬眠은 기막힌 생존 전략이기도 하고 신비함 그 자체이기도 하다. 아마도 치열한 진화의 산물이자 기후에 적응하는 생명체의 모습일 것이다. 우리는 동물의 동면이라고 하면, 단순히 혹독한 겨울을 버티어 내는 것으로만 알고 있다. 그러나 동면은 그냥 추운 겨울을 피해 시간을 보내거나 생명 연장을 하는 것만이 아니다. 그들이 죽기 살기로 혹독한 겨울을 나는 것은, 다시 말해 동면을 하는 것은 새 생명의 잉태와 탄생과 관련이 있다.

대표적 동면 동물은 곰이다. 곰은 동면을 하는 동안 새끼를 낳고 키워서 봄이 되면 굴 밖으로 나온다. 이처럼 곰에게 있어 동면은 생명을 잉태하고 새 세대를 키우는 진보와 미래를 준비하는 시간이다. 바로 생명의 시간이기도 하고, 자신을 최소화함으로써 생존 확률을 높이는 생존 게임의 시기이기도 하다. 이제 막 새로 태어난 어린 곰에게 동면하는 굴은 가장 안전한 보금자리이자 생명 연장의 장소다. 동면의 가치는 자기의 때가 되면, 즉 봄이 되면 깨어나는 데 있다. 참으로 위대한 동면이다.

육지의 동물 중에는 곰처럼 겨울잠, 즉 동면을 하는 동물이 많다. 그런데 동면하는 물고기도 있을까? 결론적으로 말하면 동면하는 물고기가 있다.

물고기 중 동면을 하는 유일한 어종은 갯벌에 사는 '짱뚱어'다. 짱뚱어는 원래 잠을 자는 물고기라는 의미로 '잠둥어'라 불렸다. 그러니까 잠둥어가 짱뚱어가 된 것이다. 짱뚱어는 겨울 동안 갯벌에 굴을 파고 들어가 4월 초까지 겨울잠을 잔다. 곰처럼 동면을 하는 것이다.

반대로 더운 여름에 여름잠을 자는, 다시 말해 동면이 아닌 하면夏眠을 하는 해양 생물이 있다. 바로 해삼이다. 여름에 바다 수온이 25도 이상으로 높아지면 해삼의 먹이가 되는 미역과 다시마가 성장하지 못하고 흐물흐물 녹아버리게 된다. 부산 인근 기장은 미역으로 유명한데, 겨울철에 기장에 들르게 되면 길거리에서도 싱싱한 미역을 쉽게 만날 수 있다. 겨울이 바로 미역의 전성기이기 때문이다. 여름에는 먹잇감이 시원찮아서 선선해지는 가을까지 해삼은 하면에 들게 되는 것이다. 그리고 바로 이런 이유로 해삼은 겨울을 지나 봄철이 되어야 제대로 살이 오르고 맛도 좋다. 여름잠에서 깨어난 직후의 해삼은 껍질만 남은 상태로, 아무짝에도 쓸모가 없다.

많은 해산물이 보통 여름보다는 겨울에 싱싱하고 맛도 좋다. 제철 과일이 좋듯 제철 생선이 좋은 법이다.

우리에게도 동면을 허許하라

우리 인간도 동면하는 기회를 가질 수 있으면 좋을 것 같다. 동면에서 깨어난다는 것을 전제 조건으로 해서 우리 모두 인생에 한 번 정도 동면하는 기회가 주어지면 어떨까? 그저 잠만 자는 것이 아니고 중간중간 깨어나는 시간에 그동안 자기가 살아온 과거도 되돌아보고 앞으로의 일도 준비할 수 있다면, 곰의 동면처럼 우리에게도 동면은 미래를 디자인하는 시간이 되지 않을까.

일상생활에 짓눌린 우리 현대인들이 동면을 통해 자신과 삶을 돌아보는 기회를 한 번쯤은 가질 수 있었으면 하는 바람이다. 그리고 새롭게 환골탈태한 모습으로 바뀌어 동면에서 깨어났으면 좋겠다. 그렇게 되면 이 세상이 좀 더 살 만해지지 않을까.

새 생명과 희망으로 뒤덮인 찬란한 봄을 기다리는 동면은 생각 자체만으로도 설렌다. 우리에게도 동면을 허許하라.

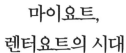

마이요트,
렌터요트의 시대

요트를 콘도처럼

'새마을 운동'이 한창이던 1970년대 시골에 붙어 있던 플래카드의 구호는 '100억 불 수출 1,000불 소득'이었다. 그리고 그 옆에는 집집마다 자동차 한 대씩 갖게 된다는 환상적인 그림의 멋진 포스터가 동심을 유혹했다. 우리와 같은 아이들의 동심뿐 아니라 어른들의 마음도 크게 흔들었는지, 전국적으로 새마을 운동이 들불처럼 번져나가고 '100억 불 수출'과 '1,000불 소득'을 조기에 달성했다. 당시 선진국의 기준은 '마이카'였다. 집집마다 차가 한 대씩 서 있는 그림 속의 꿈같은 그 모습 말이다. 지금이야 우리나라 자동차 등록 대수가 2,500만 대를 넘어서 한 집이 아니라 두 사람당 한 대꼴이 되었지만 그때는 말 그대로 꿈같은 이야기였다. 지나치게 차가 많은 것이 문제가 되는 요즘을 생각하면 격세지감이 아닐 수 없다.

제주도나 유명 관광지에 가면 흔히 렌터'카'를 빌려서 여행하는 것이 일상화되었다. 렌터카는 사전 예약과 사용 후 반납 등 전체 시스템이 아주 잘 되어 있어서, 비용 면에서 부담만 되지 않는다면 아무런 불편함이 없다. 그러나 렌터카처럼 '요트'를 빌려 바다를 즐기는 사람은 많지 않고 낯설기까지 하다. 정확히 말하면, 그동안은 렌터'요트'라는 개념 자체가 없었다. 참고로 요트yacht라는 말은 '추격하다'라는 의미의 네덜란드 말 '야흐트yaght'에서 유래했다. 그리고 이 야흐트도 '사냥하다'라는 단어에서 유래했다.

요트를 개인적으로 소유하고 있더라도 우리나라의 여건에서는 그동안 일 년에 한두 달, 짧게는 며칠밖에 사용할 수 없었다. 비싸고 귀한 요트를 일 년에 무려 열 달 이상 '놀리고' 있는 셈이다. 이에 비해 선진국은 개인 소유의 요트와 보관·계류 시설만 갖추면 요트 렌털 영업을 자연스럽게 할 수 있다. 우리나라는 그동안 이러한 요트 렌털이 불가능했으나, 이제는 법적으로도 민간 창업이 가능하게 되었다. 바로 렌터요트가 가능한 요트 대여업을 할 수 있게 된 것이다. 요트를 쉽게 빌려 요트를 즐길 수 있게 됨은 물론이고 렌터요트를 콘도처럼 회원권 개념으로 사용할 수 있게 되었으니, 요트산업의 저변도 그만큼 넓어질 것이다.

우리는 요트와 마리나에 있어서 주변 국가인 중국이나 러시아, 일본보다 좋은 조건을 가지고 있다. 겨울이면 얼어붙어 꼼짝할 수 없는 블라디보스토크항을 떠나 얼지 않는 따뜻한 남쪽 부산항을 찾는 수십 척의 러시아 고급 요트 관광객을 국내 마리나의 고객으로 끌어들일 수 있는 기반이 갖춰진 것이다. 러시아의 고급 요트 한 척이 부산에 머물면 한 달에 수천만 원의 비용이 발생한다. 이만한 장사가 또 어디 있을까. 중국에는 우리와 같은 다도해가 없다. 우리나라 서남해안의 다도해를 보는 중국인들의 반응은 실로 대단하다. 일본과는 가격 경쟁에서 우리가 우위에 있다.

우리만 잘 준비한다면 지리학적으로나 경제적으로도 우리나라는 동북아의 요트와 마리나 산업의 허브로서 자리매김할 잠재력이 매우 크다. 요트와 마리나 산업은 좋은 일자리를 창출하는 고부가가치 산업이자 우리 바다 산업의 미래 먹거리가 될 것이다.

해양 관광과 문화의 돛을 올리자

우리나라는 현재 '코로나19'라는 돌발 변수와 저성장이라는 구조적인 틀로 인해 경제 성장이 천장에 부딪혀 있다. 이러한 우리 경제에 숨통을 틔우는 역할을 바다에서 찾을 수 있다. 전 세계적으로도 지구촌 관광 활동의 절반 이상은 이미 내륙이 아닌 해양에서 이루어지고 있다. 그 성장세도 갈수록 뚜렷하다. 유엔 세계관광기구wTO는 미래 10대 관광 트렌드로 크루즈, 해변, 스포츠 등을 꼽고 있다. 관광산업의 고용 창출 효과는 당연히 제조업의 1.5배를 넘는다.

유럽, 호주, 싱가포르 등의 유명 해양 도시들은 크루즈와 마리나를 거점으로 다양한 볼거리, 놀거리, 쉴거리를 만들어 까다로운 관광객의 입맛을 사로잡는 데 성공했다. 남반구에서 가장 큰 마리나 클러스터로 성장한 호주 골드코스트Gold Coast 시티는 마리나로만 수천여 명의 일자리를 만들고 7억 달러 이상의 지역 경제 효과를 창출한다. 이처럼 우리도 이제 바다에서 마리나와 요트로 세계 관광객을 매혹시킬 볼거리, 놀거리, 쉴거리를 찾아야 한다. 요트가 정박하고 필요한 수리를 받는 곳이 마리나다. 어찌 보면 요트의 집이다. 최근 우리도 마리나 산업에 눈을 돌리고 있기는 하지만, 아직 규모나 경쟁력은 선진 해양 도시에 미치지 못한다. 외국에서는 마리나에 에어비앤비와 같은 공유 숙박업이 가능하고, 요트를 대신 유지 관리해주는 마리나 서비스업 등이 매우 활성화되어 있다.

코로나19 이전 중국의 소위 '한한령'이 없던 시기에 중국 관광객들의 한류 사랑은 대단했다. 그들은 크루즈나 카페리 또는 항공기를 이용해 대규모로 우리나라를 찾곤 했다. 2016년 한류 드라마 〈별에서 온 그대〉를 쫓아 인천 월미도를 찾은 6천 명의 중국 관광객(유커)의 치맥 파티는 대단했다. 이 파티로 지역 상권이 들썩이고 주민들도 덩달아 흥겨워했던 기억이 아직도 생생하다. 하지만 아쉬운 점도 있었다. 유커가 크루즈를 타고 바다를 건너와 낮에는 한류 드라마 현장을 체험하고, 밤에는 마리나와 요트에서 치맥 파티를 즐겼으면 어땠을까 하는 점이다. 이제 머지않아 한·중 간에도 교류와 관광이 정상화될 것이다. 이런 때를 대비해 해양 관광과 한류를 접목시킬 필요가 있다. 이렇게 되면 대단한 시너지가 발휘될 것이고, 우리 관광산업의 고부가가치화에도 한 걸음 더 다가갈 수 있을 것이다.

요즘 우리 한류 문화가 중국은 물론 동남아와 전 세계에서 인기를 얻고 있기는 하지만, 한때 절정이던 〈별에서 온 그대〉와 치맥이 과거가 되었듯이 인기 절정의 BTS만으로 이들을 계속 붙잡을 수는 없는 노릇이다. 우리만의 창의적이고 중독성이 강한 바다 콘텐츠를 만들어야 할 때다. 그 항해의 시작을 마리나와 요트에서 찾아보자.

바다,
대륙을 연결하다

바다가 연결한 구대륙과 신대륙

베링해협은 북아메리카 대륙의 알래스카와 유라시아 대륙의 시베리아 동쪽 끝 사이에 있는 해협이다. 구대륙인 아시아와 신대륙인 아메리카를 연결하고, 북극해와 북태평양에 부속되어 있는 베링해를 연결한다. 이 베링해협은 길이가 85킬로미터이고 수심이 30~40미터에 불과해 과거에는 양 대륙이 육지로 연결되어 있었다. 그리고 이 육지를 통해 인디언들이 아시아에서 신대륙으로 이동했다.

베링해협은 이 해역을 처음으로 탐험하고 항해했던 러시아 베링 선장의 이름에서 따왔다. 베링은 1728년 러시아 근대화를 가져온 표트르 대제의 명령을 받고 시베리아가 신대륙과 연결되었는지를 확인하기 위해 시베리아 대륙을 거쳐 베링해협을 탐험했다. 그리고 양 대륙이 바다로 인해 단절되었음을 확인했다.

아메리칸 인디언들에게 몽골반점이 흔히 보이는 건 한때 두 대륙이 연결되어 교류가 이루어졌음을 상징한다. 생물학적으로 분석을 해보면, 시베리아의 동물과 북미 대륙 북쪽의 동물은 종류와 DNA에서 같은 종이거나 거의 동일하다. 반면에 남미로 갈수록 동질성이 옅고 다른 종들이 나타나는데, 이는 아시아에서 건너간 인디언들이나 동물들이 남미로 이동하면서 진화를 거듭해 지금의 생물상이 만들어진 것으로 보인다. 베링육교는 빙하기가 끝나 가던 BC 10000~9500년경에 완전히 바다로 인해 단절된 것으로 알려져 있다. 바로 신대륙의 시작이다. 이때부터 신대륙과 구대륙은 단절의 상태로 들어가 대륙별로 독자적인 문명과 진화를 이루게 된다.

구대륙과 신대륙의 차별성은 여러 분야에서 찾아볼 수 있는데, 우선 먹는 음식에서 나타난다. 바로 곡물과 구근류球根類라는 기본 음식의 차이다. 구대륙은 쌀과 밀 등 지상에서 자라는 곡식의 열매가 기본 음식이고, 영양분 중에서 단백질이 많은 편이다. 이에 비해 신대륙은 땅속에서 자라는 감자와 타피오카처럼 녹말 위주의 음식을 섭취했다. 이러한 차이는 두개골의 모습이나 치아 등에 영향을 미쳐 외형의 차이를 가져오게 되었다.

신대륙은 말도 없었고 수레바퀴도 사용하지 않아 장거리 이동이나 교통에 어려움이 있었다. 이 같은 제한적인 상황은 대제국을 형성하는 데 근본적인 제약 요인이 되었고, 농업생산에도 한계를 가져왔다. 신대륙은 콜럼버스 방문 이전까지 완전한 철기 문화에 도달하지 못한 것으로 보인다. 금은이나 구리 등의 활용에 치중해 철기를 완벽하게 다루는 정도에는 미치지 못했던 것이다. 이것이 168명에 불과했던 스페인의 프란시스코 피사로Francisco Pizarro 군대에 수십만의 잉카 제국이 몰살당하는 결과를 초래했다. 신대륙이 갖지 못했던 말과 수레바퀴, 철 등이 구대륙에 점령당한 결정적인 이유라 할 수 있다.

구대륙 문명이 신대륙에 단기간에 전파될 수 있었던 가장 큰 요인은 말과 바퀴를 이용한 마차의 등장이었다. 반대로 아이러니가 아닐 수 없지만, 신대륙에서 구대륙으로 건너온 감자와 옥수수는 구대륙의 식량난을 해결하는 데 결정적인 역할을 했다.

이종교배

서로 다른 종이 섞이면, 혁신적인 새로운 종이 나오거나 아무짝에도 쓸모없는 종이 나오거나 둘 중 하나가 된다. 그런데 동물 간의 새로운 교배는 유전적으로 매우 의미가 있고 반드시 필요한 것이라고 한다. 같은 무리끼리의 교배가 열성 유전을 가져오기 때문에 그렇다고 한다. 이는 우리 음식 문화에도 동일하게 적용된다.

거의 1만 년간 막혀 있던 신대륙과 구대륙은 콜럼버스의 신대륙 발견으로 다시 소통이 되었다. 이전에는 베링육교를 통한 교류였다면, 이번에는 배와 바다를 통한 교류였다. 신대륙에서 넘어온 감자, 옥수수, 토마토 등은 유럽으로 넘어가 구대륙의 인류를 기근에서 살아남게 했을 뿐 아니라 영양 면에서도 큰 기여를 했다.

현재 아프리카인들의 주식으로 여겨지는 구근식물 카사바는 브라질에서 아프리카로 넘어간 것이다. 그리고 보면 신대륙의 식물이 구대륙에 미친 영향은 실로 엄청나다. 반대로 커피는 아프리카에서 중동으로 넘어갔다가 유럽의 온실에 머물렀고, 다시 동남아시아의 베트남과 인도네시아로 이어지다 신대륙 브라질, 콜롬비아 등으로 전해졌다. 특히 브라질과 콜롬비아는 이제 세계 커피 생산의 중심지가 되었다. 커피에 버금가는 차는 구대륙에 속했던 아시아 중국에서 독점적으로 생산되어 소비지인 영국 등 유럽으로 소개되었다. 그러다가 다시 아시아의 인도, 스리랑카 등으로 확대되는 모습을 보이고 있다.

우리가 먹는 음식이나 마시는 음료를 보면, 지구의 문화 간 이종교배가 얼마나 중요하고 의미 있는지 깨닫게 된다. 우리의 것인 듯하지만 우리 것이 아니고, 남의 것 같지만 우리 것이 되기도 한다. 꼭 우리 것이 아니어도 귀중하고 소중하게 평가해야 할 이유다.

강원도 사람을 시골 사람 취급해 쌀밥도 제대로 못 먹는다는 의미에서 농담 삼아 부르는 말이 '감자'다. 실제로 강원도에는 주위에 널린 것이 감자다. 우스갯소리로 과거 강원도 도지사를 지낸 어떤 분은 현직에 있을 때 스스로를 '감자 1호'라고 소개하기도 했다.

지금은 감자가 유럽에서 거의 주식에 가깝지만, 처음부터 각광을 받은 것은 아니었다. 처음 신대륙에서 감자가 유럽에 소개되었을 당시에는 별로 먹을 만한 것이 못 된다고 생각해 주로 돼지나 전쟁 포로들에게 먹였다. 사람이 먹을 만한 음식이 아니라고 여긴 것이다. 그 이후에도 감자는 옥수수와 더불어 하층민들이 먹는 음식이었다. 그런데 프랑스혁명으로 물러난 비운의 군주 루이 16세와 그의 왕비 마리 앙투아네트가 베르사유궁전 한편에 감자를 심었고 감자꽃이 피어나자 마리 앙투아네트가 그 꽃을 꺾어 모자에 꽂았다고 한다. 그 이후 많은 귀족 부인들이 이를 따라 하면서 감자에 대한 인식이 크게 바뀌었다. 게다가 18세기 유럽에 큰 흉년으로 기근이 들면서 감자가 구황식물로 인정을 받아 유럽인들의 식탁에 없어서는 안 되는 중요한 식품이 되었다.

우리나라에 감자가 전해진 것은 17~18세기경 청나라를 통해서라는 것이 정설이다. 한반도 북부 지역부터 전해졌는데, 실제로 고구마와는 달리 감자는 강원도처럼 척박하고 추운 지역에서 잘 자란다. 그러고 보면 구대륙에 소개된 지 2백 년 만에 신대륙에서 재배되던 감자가 극동의 끝 우리나라에까지 전달된 것이다. 자연스러운 문화와 문명의 이전이고 이종교배의 모습이다.

제3부

내 마음속
네모Nemo를 찾아서

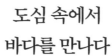

도심 속에서
바다를 만나다

아쿠아리움, 도심 속 바다

요즘은 그야말로 힐링의 시대다. 밤늦게까지 여러 개의 학원을 전전해야 하는 어린 학생부터 야근에 시달리는 직장인까지 현대인들은 답답한마음을 치유하고 회복할 수 있는 공간이 필요하다. 흔히 '힐링' 하면 복잡한 도시를 떠나 산과 바다로 떠나는 것을 떠올린다. 그러나 힐링이 필요할때마다 자연으로 떠나는 것이 그리 쉬운 일은 아니다. 이럴 때 도심 속의바다 '아쿠아리움aquarium'은 훌륭한 대안이 된다. 아쿠아리움 속 바다에서남태평양의 산호초를 체험하고, 이역만리 북극도 갈 수 있다. 어디 그뿐인가. 맹그로브mangrove가 우거진 얕은 바다부터 해파리가 춤추는 바다 밑까지 마음껏 바닷속을 오르내릴 수도 있다.

아쿠아리움은 단순히 물고기나 해양 생물을 구경만 하는 곳이 아니다. 그물에 걸린 바다거북이나 지느러미가 찢긴 돌고래처럼 여러 이유로 부상당한 해양 동물들을 치료해 다시 바다의 품으로 건강하게 돌려보내는 곳이기도 하다. 이처럼 해양 동물 전문 구조와 치료 기능을 갖춘 곳이 아쿠아리움이다. 그러고 보면 도심 속 바다, 아쿠아리움은 마음의 힐링은 물론 자연의 아름다움과 생명의 소중함까지도 경험하게 해주는 곳이다. 말 그대로 도심 속의 새로운 힐링 공간이다.

우리나라에도 전국에 아쿠아리움이 20개가 넘게 있다. 수적으로 적은 것은 아니지만 막상 방문하려고 하면 비용 면에서도 그렇고 시간적인 면에서도 큰마음을 먹어야 한다. 우리 여건상 주위에서 물고기 보기가 쉽지 않다는 뜻이다.

아쿠아리움의 역사도 역시 해양 대국 영국에서 시작되었다. 영국 런던 동물원에 1853년 세계 최초로 아쿠아리움이 조성되었는데, 이것이 큰 인기를 끌면서 유럽의 각국이 경쟁적으로 아쿠아리움을 개장했다. 이웃 일본의 경우, 해양 국가답게 생각보다 빠른 1882년 도쿄 우에노 동물원에 문을 연 수족관이 그 시초다. 우리나라는 이보다 한참 뒤진 1977년에 수족관이 만들어졌다. 부산 용두산 공원에 들어선 소규모 수족관이 우리나라 아쿠아리움 역사의 시작이다. 이후 1985년 여의도 63빌딩에 본격적인 대규모 수족관이 들어서면서 본격적인 아쿠아리움 시대를 열었다.

그런데 아쿠아리움을 개장하는 데 있어서 핵심은 무엇일까? 전시되는 수중 생물이 가장 중요하겠지만 이에 못지않게 중요한 것이 바로 수족관 자체를 구성하는 특수 재질이다. 수족관은 안전성이나 투명함 등 여러 가지 이유로 유리가 아닌 아크릴로 만들어진다. 이 수족관의 아크릴은 보통 25~30센티미터 정도의 두께로 이루어지는데, 수천 톤의 물의 무게와 압력을 감당할 수 있을 정도의 엄청난 강도를 유지해야 한다. 더군다나 이러한 두께에도 불구하고 수중 생물의 모습이 찌그러져 보이지 않도록 균일하고 투명해야 한다. 안타깝게도 우리나라의 기술로는 아직 만들지 못한다고 한다. 일본과 유럽이 이러한 특수 아크릴을 과점적으로 생산하고 있다. 그러고 보면 수족관도 독립(?)이 필요한 때다.

반려 물고기 아쿠아 펫

아쿠아리움과 비교할 수 있는 것이 바로 관상어다. 요즘 '물 생활'이 취미인 사람들이 늘고 있다. 집과 회사의 책상 한편에 소형 수족관을 설치하고, '니모'가 노는 모습과 수초가 자라는 광경을 보는 소소한 즐거움을 누리는 것이다. 적은 비용으로 즐길 수 있는 취미로, 마음의 힐링을 얻는 데 이만한 것도 없어 보인다.

해외에서는 수족관을 테마로 하는 전시회나 아쿠아 카페 등이 늘고 있다. 오래된 공중전화 부스를 관상어 수조로 활용하는 전시물까지 생겼다고 한다. 우리나라의 관상어 산업은 겨우 6천억 원에 불과(?)하지만, 가장 큰 시장인 미국을 중심으로 세계적으로는 50조 원에 달하는 거대 산업이다. 우리나라 관상어 애호가 인구는 100만 명에 달하는데, 요즘은 반려 관상어 '아쿠아 펫aqua pet'이 점차 인기를 끌고 있다.

우리나라는 동남아 국가에 비해 관상어의 다양성이나 양식 등에 있어서 어려운 여건이기는 하지만, 세계 10위권의 관상어 산업 국가로 성장하고 있다. 관상어 산업은 관상어 생산과 유통 관리, 그리고 전시와 여가 등이 모두 포괄되는 그야말로 6차 산업이다. 과거의 수산업은 보고 즐기는 산업이 아닌 생산과 먹거리 산업에 초점이 맞춰져 있었다. 이제 관상어 산업에 눈을 돌려야 할 때다. 미래 수산업의 신성장 동력이 될 고부가가치 산업이기 때문이다. 관상어는 그 희귀성과 아름다움에 따라 몸값이 수억 원에 이르기도 하며, 이와 관련된 다양한 전후방 산업이 가능해 발전 가능성이 크다.

우리에게 다양한 수족관과 아쿠아리움은 물속 생물들을 보고 즐기는 곳이기도 하지만, 궁극적으로는 물속 생물의 보금자리이자 사람과 생물이 함께 교감하며 소통하는 공간이기도 하다. 나태주 시인은 '풀꽃'을 '자세히 보아야 예쁘다. 오래 보아야 사랑스럽다. 너도 그렇다!'고 표현했다. 물속 생물도 그렇다. '불멍', '물멍'이 유행이라고 한다. '아쿠아멍'을 통해 우리 모두 도심 속 바다에서 물속 생물을 즐기며 힐링의 시간을 가졌으면 좋겠다. 도심 속에서도 바다는 우리 곁에 있다.

3無 3有의
삼삼한 수산업

수산업은 첨단 미래 산업

내륙 지방에 살다가 오랜만에 바닷가에 가면 '갯내'라고 해서 약간 비린 듯하면서도 어딘가 모르게 정겹기도 한 냄새에 '아! 바다에 왔구나' 하는 실감을 하게 된다. 이 냄새 때문에 바다를 찾는 사람도 있다. 누구에게는 고향의 냄새이고 또 누구에게는 낭만의 냄새이기도 하다.

그런데 가끔은 생선 상한 냄새나 항구 구석에 버려진 어구에서 나는 역한 냄새 때문에 고개를 돌리게 되는 경우가 있다. 그동안 어민들도 많이 노력하고, 중앙정부나 지자체에서도 열심히 지원한 덕에 많이 개선되고 있기는 하다.

어찌 된 일인지 서양의 바닷가 포구에서는 우리와는 달리 이런 냄새가 거의 나지 않는다. 폐어구 등도 어떻게 보관하고 처리하는지는 잘 모르지만, 항구 구석이나 외부에 무질서하게 적치되어 있지 않다.

우리는 수산업을 대표적인 1차 산업이라고 한다. 그러나 아이러니하게도 여러 미래학자가 주목하는 대표적인 미래 산업이 수산업이기도 하다. 스마트폰 시대를 예언한 미래학자 윌리엄 할랄William Halal은 2008년《기술의 약속Technology's Promise》에서 양식 수산업을 미래 유망 산업 중의 하나로 전망했다. 그러나 우리 수산업과 어촌의 현실을 보면 좀 생뚱맞게 들린다. 젊은 층은 어촌을 떠나 돌아오지 않고, 어업인의 소득이 도시 근로자의 75% 수준에 불과한 상황에서 수산업이 반도체나 수소 경제 등과 어깨를 나란히 하는 미래 산업이라니, 말 그대로 어불성설語不成說이 아닐 수 없다. 지금의 우리 현실에서 보면 그렇다는 이야기다.

과연 수산업이 미래를 주도하는 산업으로 발전할 수 있을까? 그 답은 세계 수산물 소비 패턴을 보면 알 수 있다. 소득수준이 올라갈수록 건강에 좋은 수산물에 대한 수요는 당연히 증가한다. 전 세계적으로 수산물 소비가 증가하고 있는 가운데, 특히 중국의 수산물 수요가 증가하고 있는 것은 우리에게는 아주 좋은 기회다. 이탈리아 로마에 있는 UN 식량농업기구 FAO에 따르면, 중국의 연간 1인당 수산물 소비량은 1998년 11킬로그램에 불과했으나 지금은 약 40킬로그램 정도로 크게 증가했다. 중국 인구가 14억 명이라고 보면 연간 1킬로그램만 더 먹어도 무려 140만 톤이 추가로 필요하다. 우리나라 연근해에서 1년간 잡히는 수산물 100만 톤을 훨씬 넘는 엄청난 양이다. 물론 우리의 수산물 소비량도 70킬로그램에 달할 정도로 육류 소비량 60킬로그램을 크게 앞선다. 잡는 어업으로는 그 수요를 충족할 수 없기에 양식 수산업이 발전해야 한다는 건 누구나 아는 일이다.

우리는 요즘 청년들이 돌아오는 어촌과 바다를 만들어 가고자 노력하고 있다. 귀어 귀촌과 어촌 뉴딜 300 사업 등의 목표는 결국 청년들을 바다로 돌아오게 하는 정책이다. 그런데 청년들이 어촌으로 돌아오기 위해서는 어촌과 수산업에 희망이 있어야 한다. 희망은 저절로 만들어지지 않는다. 수산업이 미래의 산업이 될 때 가능한 일이다. 나는 양식 수산업이 수산생명공학이자 첨단산업이라는 데에 적극 동의한다. 이에 걸맞게 우리의 양식업도 가두리에 물고기나 가두어서 키우는 단순한 산업이 아니라, 어류의 전 성장 과정을 과학적으로 분석하고 관리하는 첨단산업으로 발전해야 한다. 여기에는 첨단 과학과 IT 기술이 전제되어야 할 것이다. 이렇게 보면 젊은 청년들에게 가장 가까이 다가갈 수 있는 산업이 양식 수산업이기도 하다. 우리 정부나 양식업계도 이런 측면을 널리 알리고 홍보해야 할 필요가 있다. TV 방송 등 언론을 통해 양식장을 보여줄 때 양식 어민들의 땀 흘리는 모습도 좋지만, 첨단산업이라는 모습에 좀 더 초점을 맞추었으면 한다. 단순히 육체 노동을 하는 업종이 양식업이 아니라, 과학과 IT 기술이 접목된 산업이 바로 양식업임을 알릴 필요가 있는 것이다.

이런 점에서 첨단 장비로 무장한 노르웨이의 양식장은 우리에게 시사하는 바가 크다. 넥타이를 맨 깔끔한 차림의 노르웨이 양식장 종사자의 모습은 신선하기도 하고 충격적이기도 하다.

그렇다. 수산업은 첨단산업이다. 이제 어촌에 불쾌한 냄새와 무질서는 사라지고, 그 자리에 청년과 희망과 미래가 들어서야 한다.

어촌에 청년과 미래가

우리나라에는 전국 바닷가에 크고 작은 어항漁港이 천여 개가 넘게 있다. 그만큼 문제점도 많이 갖고 있다. 우선 현재 우리에게 가장 시급한 건 어항이나 공판장의 시설과 관리가 개선되어야 한다는 점이다. 이 중에서도 가장 중요한 것은 위생 관점이다. 어민들이나 유통 상인들 입장이 아니라, 수요자인 소비자 입장에서 언제든지 안심하고 믿을 수 있도록 청결하고 위생적으로 관리되어야 한다. 여기에는 정부나 수협의 노력과 더불어 관련 분야 모두의 노력이 함께 필요하다. 외국의 많은 수산 시장에 가 보면 우리가 개선하고 노력해야 할 부분이 어디에 있는지 잘 알 수 있다.

경제적으로 G10에 들어가는 우리나라가 수산 분야에서 외국에 뒤진다는 것은 납득하기 어렵다. 더구나 우리는 1인당 소비량 면에서 세계 최고의 수산물 소비 국가가 아닌가. 이제 우리의 수산업이 미래 산업이자 성장 산업으로 변모하고 자리매김하는 데 우리의 지혜를 모아야 할 때다. 우리의 수산업이 **불법**과 **남획**이 이루어지고 어항 여기저기 **폐기물**이 방치된 채 불쾌한 냄새를 풍기는 모습에서 벗어나 3무無 산업이 되어야 한다. **젊**

은이가 보이고 **미래의 희망**과 **건강한 바다 내음**이 느껴지는 3유有의 수산업으로 거듭나야 한다. 수산업은 3무 3유의 삼삼한 첨단 미래 산업이다.

바다와 수산에 미래와 기회가 있다.

물고기도
추위를 탈까

온도 변화도 느끼기 나름

당연히 바다에 사는 생물은 수온 변화에 민감하다. 그 감각이 우리 인간보다 적게는 수십 배, 많게는 수백 배 더 민감하다고 한다. 그만큼 수온의 변화는 수중 생물에게 결정적인 영향을 끼친다. 온도를 재는 단위 '섭씨'는 우리 인간이 피부로 느끼는 온도의 단위다. 개인에 따라 다르기는 하지만, 예를 들어 온도가 10도에서 11도가 되면 우리의 감각이 이를 감지할 수 있다. 그러나 물고기는 0.1도나 0.01도의 수온 변화도 감지할 수 있다고 하니, 우리 인간의 감각과는 비교가 되지 않을 정도로 민감한 것이다. 그렇기에 바다 수온이 과거 50년간 0.5도 상승했다고 하면, 우리에게는 별것 아닌 것처럼 느껴져도 수중 생물에게는 엄청난 변화가 일어난 것이다. 기후변화를 우리가 무겁게 받아들여야 하는 이유 중 하나가 여기에 있다. 바다에 생물이 존재할 수 없다면, 우리 인류도 존재할 수 없다.

온도를 측정하는 단위 '섭씨'와 '화씨'는 다 알다시피 사람 이름에서 유래했다. 섭씨는 스웨덴의 셀시우스Celsius의 한자식 이름 '섭이사攝爾思'의 앞 글자 '섭'에서 유래했고, 화씨는 독일의 파렌하이트Fahrenheit의 한자식 이름 '화륜해華倫海'의 앞 글자 '화'에서 유래했다. 근대 시기 서양 문물을 먼저 접한 중국 청나라에서 두 사람의 성姓 일부분을 따서 부르던 것을 우리가 그대로 받아들여 사용하고 있는 것이다.

우리가 온도를 측정하는 단위를 섭씨와 화씨라고 한다는 것을 셀시우스와 파렌하이트가 알면 어떻게 생각할까? 자신들의 성씨를 중간에 잘라 먹었으니 말이다.

남극해의 물고기가 사는 비결

남극의 바다는 1년 내내 얼음에 덮여 있다. 그런데 놀라운 건 이렇게 차가운 남극해의 깊은 바닷속에서도 많은 물고기가 잘 적응해서 산다는 점이다.

우리가 '메로'라고 알고 있는 물고기도 그중의 하나인데, 원래 메로의 공식 명칭은 '파타고니아이빨고기Patagonia tooth fish'다. 워낙 차가운 물에서 사는 물고기라 찰진 육질에 지방을 많이 포함하고 있어서 부드럽고 맛이

그림 3-1 파타고니아이빨고기

좋다. 그동안 남획을 너무 많이 해 멸종 위기에 처해 있는 물고기이기도 하다. 남극 해양생물보존협약CCAMLR에 따라 매년 쿼터를 정해 국가별로 일정한 양만 잡을 수 있도록 엄격하게 어획량을 제한하고 있다.

그런데 우리는 1분도 버티기 어려운, 깊고 차가운 물에서 비늘밖에 없는 맨살의 물고기는 어떻게 살아갈까? 이 신비와 경이로 가득한 생명의 위대함은 무엇일까? 바로 극지 물고기가 가지고 있는 특별한 비결이 있다. 그리고 그 특별한 비결은 결빙을 방해하는 단백질이다. 물고기의 혈액이나 체액이 얼지 않도록 해주는 동결 방해 단백질을 극지 물고기가 가지고 있는 것이다.

아마도 이 물질을 잘 연구하면 우리 인류가 동상이라는 위험에서 해방될 수 있는 날이 곧 오지 않을까 싶기도 하다. 해양 생물이 우리의 미래임이 분명하다.

사하라사막에
새우 양식장이라니

철없는 수산물

칼바람에 절로 몸이 움츠러드는 추운 겨울날, 반짝반짝 빛이 나는 뽀얀 속살을 드러낸 굴은 보는 것만으로도 입맛을 자극한다. 뜨끈뜨끈하면서 시원한 굴국도 좋고, 초장에 찍어 먹는 생굴도 좋다.

'봄 도다리, 가을 전어'라는 이야기를 들어보았을 것이다. 봄에는 도다리가 맛있고 가을에는 전어가 맛있다는 뜻이지만, 수산물은 제철이 있어 그 계절이 되어야 맛볼 수 있다는 말이기도 하다. 그런데 요즘은 시기와 지역을 가리지 않는 '철이 하나도 없는 수산물'이 하나둘씩 우리 곁을 찾아온다. 바로 첨단 기술이 접목된 양식 산업의 발달 덕분이다.

대표적인 가을철 수산물이던 새우는 '바이오 플록bio floc'이라는 기술을 통해 사시사철 우리의 입맛을 사로잡을 수 있게 되었다. 바이오 플록은 새우의 배설물을 미생물微生物의 먹이로 활용해 정화하고, 이 미생물을 다시 양식 생물의 먹이로 이용함으로써 양식장을 하나의 독립적인 생태계로 만드는 친환경 양식 기술이다. 우리나라는 2006년부터 지속적으로 바이오 플록 기술을 개발해왔는데, 이제 완전히 상업적으로 성공을 했다. 양식 수산물 하면 가졌던 '혹시 항생제나 먹이에 문제가 있지 않을까' 하는 의구심은 버려도 된다. 먹거리와 관련해서 요즘 많이 이야기하고 있는 유기농 무항생제 먹거리, 즉 오가닉organic 수산물 양식이 바로 바이오 플록이다.

우리나라는 저개발 국가에 대한 공적개발원조ODA 사업의 하나로 2016년 알제리에 바이오 플록 양식 기술을 전수했다. 이 결과 사하라사막에 새우를 양식하는 데 성공했다. 바다 한 뼘 없고 물도 없는 사하라사막에서 수산물 새우 양식이라니, 누가 상상이나 했겠는가. 사막의 신기루 같은 이야기가 아니다. 진짜 현실 속 사하라사막의 양식장 이야기다. 참으로 뜬금없는 장소에서 생산되는 철없는 수산물이다.

요즘 흔히 볼 수 있고 젊은 층에 인기 있는 회를 꼽으라면 단연 연어회일 것이다. 그런데 이 연어는 대부분 북유럽의 수산 강국 노르웨이에서 들어온다. 우리가 한 해 노르웨이에서 수입하는 연어만 해도 3천억 원 이상에 달한다. 여기에다 고등어 등 다른 수산물을 포함하면 천문학적인 금액의 수산물을 노르웨이에서 수입하고 있다. 노르웨이는 수산물로만 100억 달러, 우리 돈으로 13조 원 이상을 수출하는데 노르웨이의 어민은 1만 명에 불과하다. 그 어떤 산업보다 부가가치 창출이 큰 산업이 바로 수산업이고 양식 산업이다.

그동안 수입에 의존해온 연어를 앞으로는 국내에서 생산된 양식 연어로 즐길 수 있게 된다. 연어는 최적의 생육온도가 17℃ 전후로 노르웨이 등 차가운 바다에서만 양식이 가능했기 때문에 그간 우리나라에서는 수온 문제로 양식을 할 수 없었다. 그런데 자유자재로 깊이 조절이 가능한 부침浮沈식 가두리 양식 시설을 활용해 서식 수온을 조절함으로써 양식에 성공했다. 또 동해의 심해에 있는 심층수를 활용해 육상에서 연어를 양식하는 혁신적인 양식 기법이 추진되어 대량생산이 가능해졌다. 이를 통해 국내 수요는 물론이고 중국 등 인접 국가에 수출하는 계획이 가시권에 들어와 있다. 우리나라 동해안의 남대천 등에 회귀하는 연어는 태평양 연어다. 그런데 우리 입맛에 익숙한 연어는 노르웨이가 위치한 대서양 연어다. 맛으로 보면 대서양 연어가 지방이 많아서 고소한 맛이 더 난다. 우리나라 동해안에서 우리 입맛에 맞는 대서양 연어가 대량으로 양식되는 것이다.

중국은 연어를 양식하고 싶어도 양식할 만한 조건을 가진 바다가 없어 불가피하게 수입에 의존할 수밖에 없는 상황이다. 중국의 인구를 감안했을 때 엄청난 소비량이 될 것으로 보인다. 실제로 중국은 노르웨이 연어의 최대 수입국 중 하나이기도 하다. 철없는 수산물로 중국 시장을 공략하는 그때가 다가오고 있다. 수산업은 미래 산업이다.

이제는 'K-fish'

전 세계적으로 우리나라를 상징하는 대표적인 브랜드 중 하나가 케이팝k-pop이다. 그동안 문화 예술이나 스포츠 분야에서 세계를 깜짝 놀라게 한 한국인들이 여럿 있었지만, 어찌 보면 그들은 백 년에 한 번 나올까 말까 한 천재적인 재능의 소유자였다. 체계적인 과정 속에서 탄생한 것이 아니라 돌연변이처럼 개인적인 재능과 노력이 결실을 맺은 결과라는 이야기다. 동일 분야에서 후계자들이 계속 나오지 않은 건 어쩌면 당연했다. 그런 면에서 보면, 최근의 케이 팝이나 케이 시네마에서 보여주는 흐름은 참 대단하다. 어쩌다 한 번, 한 명, 한 팀이 아니라 체계적인 시스템을 통해 계속 배출되고 있으니 말이다.

우리의 수산 양식도 이와 같아야 할 것이다. 요즘의 양식은 다양한 수단과 방법이 동원되는데, 오래되어 고철로 변한 폐선박을 재활용하기도 한다. 노르웨이는 폐선박을 활용해 외해에서 연어를 양식하는 방법을 개발 중에 있다. 별도의 가두리 시설이 필요 없고 외부 바다와 단절이 가능하기 때문에 연어에 기생하는 기생충의 감염을 예방할 수 있어 양식 환경 제어가 용이하다. 특히 대형 유조선이나 양곡 운반선 같은 경우는 그 자체로 완벽한 가두리 시설이 된다. 우리나라도 적극 도입할 만한 시도라고 본다. 특히 이러한 폐선박을 활용한 양식 시설과 환경은 IT 기술이 뒷받침되어야 하는데, 그런 면에서 보면 IT 강국인 우리 여건에 매우 적합한 양식 방법이기도 하다.

이렇듯 양식 산업은 이제 단순한 1차 산업을 벗어나 첨단 기술과 접목한 융·복합 산업으로 발전하고 있다. 우리나라는 IT 강국이고 우수한 제조 기술을 보유하고 있다. 게다가 양식 기술도 세계적인 수준이다. 이러한 역량을 한군데로 모아, 미래 양식 산업을 선도하는 국가로 자리매김할 때가 바로 지금이다.

우리의 첨단 양식 기술은 이제 국내를 넘어 세계적으로 관심을 모으고 있다. 앞으로 우리나라의 양식 기술이 전수되어 사하라사막의 새우 양식과 같은 또 하나의 양식 성공 사례가 세계 여기저기에서 도출될 것이다. 이것이 바로 수산물 한류 '케이 피시K-fish' 아닐까. K-pop을 넘어 K-fish가 한류의 대표 브랜드가 되는 날을 고대한다. 뜬금없고 철없는 수산물이 각광받는 시대가 우리 눈앞에 와 있다.

우리에게는
바다 식목일이 있다

해조류 숲을 지켜라

5월 10일이 무슨 날일까? 이런 질문을 받으면 대부분 고개를 갸웃하며 무슨 날인지 알아내려고 곰곰이 생각에 잠길 것이다. 이처럼 아는 사람이 많지 않은 이 날은 바로 바다 식목일이다. 4월 5일 식목일이 나무를 심고 가꾸며 산림에 대한 사랑을 고취시키기 위해 제정된 국가 기념일이라면, 2012년 법정 기념일로 제정된 바다 식목일은 바다에 해조류를 심어 바다 숲을 조성하고 바다의 소중함을 되새기는 날이다. 다시 말해 산과 들에 나무를 심는 식목일의 바다 버전이다. 특히 이 바다 식목일은 우리나라가 세계 최초로 지정한 기념일이라 더 의미가 있는 날이다.

우리 생활에 미역과 같은 해조류가 사용된 역사는 꽤 오래되었다. 8세기 초 당나라 서견徐堅이 만든 일종의 백과사전《초학기初學記》에 보면, 고래가 새끼를 낳은 뒤 미역을 뜯어 먹고 산후의 상처를 낫게 하는 것을 본 고구려인들이 산모에게 미역을 먹였다는 기록이 있다. 또 12세기 송나라 때 서긍徐兢이 지은《고려도경高麗圖經》에도 '미역은 고려에서 귀천 없이 널리 즐겨 먹고 있다'라고 나와 있다.《고려사高麗史》에는 고려 26대 충선왕이 1301년에 미역을 원나라 황태후에게 선물로 보냈다는 기록이 있다. 이처럼 미역과 같은 해조류는 삼국시대부터 왕실이나 일반 국민이 즐겨 먹은 우리 전통 먹거리로, 오래전부터 우리 생활 속에 익숙하게 자리 잡고 있다.

미역과 같은 해조류가 연안 바닷속에 숲처럼 이룬 곳을 바다 숲이라고 한다. 바다 숲은 인류에게 먹을거리를 제공할 뿐만 아니라 해양 생물에게는 기초 먹이 공급원이다. 또 어패류의 보육장이고 산란장이면서 먹이를 찾거나 천적으로부터 몸을 숨기는 장소이기도 하다. 이 때문에 바다 숲속과 주변 해역에는 다양한 어류가 몰려들어 좋은 어장이 조성된다. 숲이 우거진 열대우림이나 산속이 야생동물의 좋은 서식지인 것과 같다. 또 바다 숲에 있는 해조류들이 광합성을 하면 온실가스인 이산화탄소CO_2가 줄어들고 질소와 인 등의 오염 물질이 정화된다. 그리고 해조류는 비타민·미네랄 등 인체에 유용한 성분을 다량 함유하고 있어, 웰빙 식품이나 의약품 및 산업용 기능성 물질에도 활용된다. 그만큼 상업적으로도 그 이용 가치가 매우 높으며, 바이오 에탄올 등 바이오 에너지원으로도 활용 가능하다. 그야말로 해조류는 사람으로 치면 못하는 게 없는 팔방미인형의 미래 가치가 매우 큰 자원이라 할 수 있다.

하지만 안타깝게도 우리나라 연안의 바다 숲은 해양오염과 기후변화, 과도한 남획으로 인해 바닷속의 해조류가 사라지는 '바다 사막화' 현상이 가속화되고 있다. 날로 심각해지는 이런 바다 사막화의 피해를 최소화하고 연안 생태계를 복원하기 위해, 갯녹음이 발생한 연안 해역에 인위적으로 해조류를 이식하고 포자 방출을 유도하는 등 인공적으로 바다 숲을 조성하고 있다. 또 갯닦기 등 바닷가 지반 정비를 통해 바다 숲을 가꾸고 있다.

이러한 것들은 육상에서 식목일에 모종을 심거나 비료를 주는 일과 아주 유사하다. 하지만 바다 숲이 어떤 일을 하고 왜 필요한지, 그 가치에 대한 관심이 육지의 숲에 비해 많이 부족한 편이다. 더욱이 보이지 않는 바닷속에서 일어나는 일들이라 관찰하기가 쉽지 않고 눈에 잘 띄지도 않기 때문에, 복원의 시급성에 대한 사회적 공감대를 형성하기가 쉽지 않은 것이 사실이다.

산림녹화 신화를 바다에서

과거 한국전쟁 이후 우리나라 산과 숲도 일반 국민의 무관심과 과도한 벌목으로 '민둥산'이라는 오명을 썼던 시절이 있었다. 하지만 온 국민의 관심 속에서 국가적 차원의 산림녹화를 추진한 결과, 지금은 전 세계 어디에 내놓아도 손색없는 푸른 산과 푸른 숲이 되었다. 지속 가능성sustainability이란 개념을 주창한 세계적인 환경 운동가 레스터 브라운Lester Brown이 "한국의 산림녹화는 세계적인 성공작"이라고 격찬을 아끼지 않을 정도다.

이렇게 조성된 녹색의 숲이 주는 혜택을 지금의 우리가 누릴 수 있게 된 과정을 상기해보면, 바다 숲을 복원하는 데는 무엇보다 우리의 관심이 중요하다는 것을 알 수 있다. 지난 산림녹화로 우리 산에 심은 생명이 우리의 소중한 자원이 되었듯이, 바다녹화를 통해 건강하게 가꾼 바다 숲이 미래 우리 후손의 삶의 터전이 될 것임은 자명한 사실이다.

바다 식목일은 세계에서 우리나라가 최초로 제정한 기념일이다. 그만큼 우리의 바다 숲과 바다 환경이 심각하다는 반증이기도 하다. 문제의 심각성을 빨리 깨달은 만큼 단지 바다 식목일이라는 기념일 지정에 머물러서는 안 될 것이다. 수많은 해조류가 번성하는 바다 숲을 조성해 해양 생물에게는 쉼터와 숨터를 제공하고, 우리 인류와 지구에게는 기후변화를 견딜 수 있는 버팀목 역할을 하게 했으면 좋겠다.

10년이라는 기간은 자연으로 보면 매우 짧은 찰나의 시간이다. 육상의 식목일이 해방 후인 1949년부터 시작되어 70여 년 이상 지속되면서 지금의 푸른 산이 된 것처럼, 우리의 바다도 앞으로 20주년, 30주년 바다 식목일을 맞이할 즈음에는 백화현상과 같은 바다 숲의 황폐화를 딛고 해조류 천국이 되기를 바란다. 바다 숲은 곧 바다 자원의 회복과 우리 수산자원의 회복을 의미하기도 한다.

산림의 경우처럼 바다 숲을 보호하고 관리하는 기구나 전문 인력이 필요하다. 산림의 경우는 봄철에 붉은색 완장이나 조끼를 입은 산불 감시원들이 산불 조심 활동 등을 통해 산림자원을 관리하는 것을 볼 수 있다. 물론 우리 어민들이 솔선수범 앞장서고는 있으나 중과부적인 것이 사실이다. 어촌의 경험 많은 분들을 활용하는 방법을 고려해보았으면 좋겠다. 이들 인력을 통해 연안이나 해안의 쓰레기를 수거하고 정화하는 작업을 할 수 있고, 더 나아가 해조류를 가꾸고 관리하는 일도 같이해 나갈 수 있을 것이다. 아무리 예산을 들여 바다에 해조류를 심고 인공 어초를 투입해도 사후 관리가 안 되면 울창한 바다 숲은 기대하기 어렵다.

바다녹화 축제일

산에 나무를 심는 식목일 행사는 주요 공공기관에 있어서 매년 매우 중요한 행사로 여겨지고 또 많은 인력이 지원되어 의미 있게 진행된다. 바다 식목일도 이와 같았으면 좋겠다. 주요 공공기관의 장들이 바닷가로 가서 해초도 심고 해안을 청소하는, 솔선수범을 보이는 모습을 TV에서 보고 싶다면 너무 큰 욕심일까. 바다는 지키고자 하는 의지를 갖고 노력할 때에만 그 문을 열어 준다.

바다 식목일을 생각하면 '중요하다important'와 '기회opportunity'라는 말이 바다에서 유래했음이 떠오른다. 중요하고 기회인 바다를 잘 가꿀 필요가 우리의 책임이라는 생각이 들어서다. 우리 후손들이 적어도 우리가 누렸던 만큼은 누릴 수 있도록 우리 세대가 잘 관리하고 가꾸어야 하지 않을까.

100년을 내다보며 교육을 준비하고, 10년을 내다보며 나무를 심는다는 말이 있다. 10년을 넘어 50년, 아니 100년을 내다보며 바다 식목일에 해조류를 심을 일이다. 앞으로 우리 바다가 해조류로 넘실거리는 건강한 바다로 되살아나기를, 바다 식목일이 국민 모두의 바다녹화 축제일로 확대되기를 기대한다. 우리나라의 위대한 산림녹화의 성공 신화가 바다녹화로 계승되어 쓰이기를 바라며, '바다는 아끼는 만큼 우리에게 내어 준다'는 말을 곰곰이 곱씹어 본다.

나이, 그리고
나이 듦에 대하여

나이 든다는 것

그동안 살아오면서 '나이'라는 것을 처음 의식하게 된 때가 대학생 시절인 스물세 살로 기억한다. 어른들이 보기엔 분명 20대 초반의 어린 나이임에도 불구하고 내 딴에는 꼭 무엇을 이루어야 하는 나이쯤으로 생각했던 것 같다. 아마도 내세울 것 없는 강원도 소농의 아들이 소위 '서울 물'을 먹다 보니 철이 좀 빨리 들지 않았나 싶다. 또 그 당시 고시 공부를 하고 있었는데 '합격'의 초조함에 이끌려 문득 나이를 떠올렸던 것도 같다. 지금은 누군지 기억이 나지 않지만, 당시 20대 초반의 누군가가 굉장한 성취를 이룬 기사를 보고 한숨을 푹푹 쉬며 나이 먹어감을 고민하고 자극받았던 젊은 시절의 모습이다.

그 이후 군대를 다녀오고 직장 생활을 하면서는 나이를 잊으며 살았다. 그러다 국제노동기구에 파견되어 스위스 제네바에서 생활할 때인 2000년경 마흔 살이 되면서 다시 나이를 떠올렸던 기억이 난다. 중년으로 가는 길목에서 '나이 듦에 대한' 이런저런 자문자답을 했던 것 같다. 사실 마흔 살은 불혹不惑 어쩌고 하며 가정과 사회에서의 책임감을 더 느끼게 하는 나이이지 않은가. 내가 그 당시 그랬던 것 같다.

그리고 한 20년은 나이 생각할 겨를 없이 지나갔다. 그러다가 그 의미가 확 다른 예순 살에 다시 나이를 생각하게 되었다. 이제는 '나이 먹어가는 것'이 아닌 '나이 들어간다'는 표현이 더 어울린다는 생각에 이르렀다. 그러고 보면 거의 20년 주기로 나이를 생각한 셈이다. 바다의 나이와 광활함을 생각하면 참으로 부질없는 나이 생각이기는 하지만.

청년 다윈과 비글호

인류에 큰 족적을 남긴 과학자이자 탐험가였던 찰스 다윈Charles Darwin은 다 아는 것처럼 역저《종의 기원》에서 창조론doctrine of creation에 대비되는 진화론evolution theory을 주창했다.

그런데 이 다윈이 영국의 해군 전함이자 측량선인 비글Beagle호에 승선해 세계 일주를 하던 당시의 나이가 스물두 살이었다. '젊다'보다는 '어리다'가 더 어울리는 어린 나이였다. 그리고 이 비글호의 함장은 영국 해군사

그림 3-2 진화론을 주창한 찰스 다윈

관학교 출신의 로버츠 피츠로이Robert FitzRoy였다. 피츠로이는 영국 해군사관학교를 졸업하고 해군 함정 비글호를 함장으로서 지휘했는데, 당시 나이가 스물여섯 살에 불과한 젊은이였다.

1831년 갈라파고스제도를 향해 출항했던 비글호는 250톤의 무게에 길이 30미터 규모의 범선이었다. 20대 초중반 나이의 다윈과 피츠로이는 의기투합해 1831년부터 1836년까지 5년간의 세계 일주 항해를 이 비글호를 타고 함께하면서 조국 영국이 부여한 임무를 성공적으로 마무리했다. 피츠로이 선장의 지원이 없었다면 다윈의 연구 활동은 불가능했을 것이다. 이들의 나이를 보면 내가 최초로 나이를 인식하고 번민했던 스물세 살이라는 나이가 적은 나이는 아닌 듯하다.

역시 청춘의 가치는 기회opportunity가 맞는 것 같다. 바다를 사랑했던 청년 다윈과 피츠로이는 바다에서 청춘의 가치인 기회를 잡은 사람들이고,

그들의 모국 영국에 기회를 가져온 사람들이다.

그림 3-3 찰스 다윈이 탑승했던 비글호

경주의 시어市魚,
참가자미

바다의 도시, 경주

2022년 늦가을, 경주시청 직원들을 대상으로 '일상에서 바다를 만나다'
라는 주제를 가지고 강의할 기회가 있었다. 보통의 경우, 경주 하면 바다가
연상되지 않는다. 대체로 "경주에도 바다가 있다고?" 하며 되묻는 반응이
먼저 나온다. 우리에게 경주는 불국사와 석굴암, 그리고 천마총 같은 왕릉
이 먼저 떠오른다. 대표적인 내륙의 관광지이고, 학생들의 수학여행지이
다 보니 그렇다.

이러한 경주가 바다의 도시로 바뀌고 있었다. 바다에서 공직을 마무리
한 사람으로서 반가운 일이었다. 더욱 놀랐던 건 경주에 시의 물고기, 즉

시어市魚가 있다는 사실이었다. 처음엔 속으로 '경주에 무슨 시어?' 하며 미심쩍어했는데, 진짜로 시어가 있었다. 2016년에 지정된 참가자미가 바로 경주의 시어다. 문무대왕릉이 있는 경주 감포항의 참가자미는 이름 그대로 가자미 중 으뜸으로 친다. 경주의 시어가 참가자미인 이유다. 경주의 시어 제정은 그 취지와 의미 면에서도 대단하다. 경주의 발전과 성장을 위해 내륙만으로는 부족하다고 생각해, 바다로 눈을 돌리고자 하는 큰 그림을 그리고 있었기 때문이다.

이런 맥락에서 2023년 5월 31일 제28회 바다의 날 기념식이 경주에서 개최되었다. 이 바다의 날 행사는 앞으로 내륙 도시나 다름없는 경주가 바다의 도시로 탈바꿈하고 재탄생하는 계기가 될 것이고, '경주호慶州號'라는 큰 배의 진수식이 될 것이다. 개인적으로도 경주에서 바다의 날이 개최된 것을 의미 있게 생각한다. 경주시에는 미래사업 추진단이라는 조직이 있는데, 이 조직이 바로 경주를 바다의 도시로 만드는 일을 담당하고 있다. 미래사업 추진단이 경주의 미래를 바다와 더불어 제대로 그릴 수 있기를 희망한다.

경주가 수도였던 옛날 삼국시대 신라에 '선부船府'가 중앙행정기관으로 존재했다. 중앙행정기관 선부는 배를 만들고 운항하는 업무를 담당했다. 지금의 해양수산부 업무와 같은 것이다. 이런 신라판 해양수산부 선부가 있었기에 신라가 한강 유역을 점령하고 당나라와 직접 교역하는 항로를 확보할 수 있었다. 나아가 삼국 통일의 주역이 되었음은 물론이다. 왜구를 물리치려는 마음에서 문무대왕은 감포 앞바다에 수중왕릉을 남겼고, 허황후와 처용가의 설화는 신라와 경주가 이미 바다를 통해 국제적으로 교류했다는 것을 보여준다. 경주야말로 가장 오래된 바다 실크로드의 최종 종착지로, 국제 교류가 활발했던 국제 바다 도시다. 그 전통이 통일 신라 시대 해상왕 장보고로 계승되었을 것이고, 나아가 지금의 경주로 이어져 시어 참가자미를 앞세우고 미래로 뻗어 나가고 있는 것 아닐까.

그렇다. 바다는 경주의 미래이고 희망이다. 바다로 전속 항진하는 경주호號의 힘찬 순항을 기대한다. 경주는 과거와 현재, 전통과 미래, 바다와 육지가 조화되는 대표적인 융합과 포용의 도시다. 앞으로 경주가 감포항으로 대변되는 어항과 45킬로미터의 해안선을 잘 활용해, 내륙의 문화유산과 동해의 해양 문화가 잘 어우러지는 명품 도시로 성장했으면 좋겠다.

우리 시어를 찾습니다

우리나라 해안선은 15,000킬로미터 이상이 된다. 그렇기에 해안을 끼고 있는 광역 자치 단체나 기초 자치 단체 수만 해도 80여 곳에 이른다. 그런데 이 많은 바다 도시 중 시어를 가지고 있는 경우는 극히 드물다.

다행스럽게도 우리나라 제1의 해양 수산 도시 부산에는 시어가 있다. 바로 '고등어'다. 부산의 시어 지정은 충분히 이해가 되기도 하고, 감사한 일이기도 하다. 그런데 인천, 목포, 여수, 군산, 포항, 속초, 강릉 등 바다의 도시라 할 수 있는 대부분의 도시는 시어가 지정되어 있지 않다. 시의 꽃인 시화, 시의 나무인 시목, 시의 새인 시조 등은 대부분 지정되어 활용되고 있으면서 시어는 보이지 않는다. 개인적으로 많이 아쉽고 안타까운 일이다.

해안을 끼고 있는 자치 단체의 관계자들이 적정한 기회에 각기 특성에 맞는 시어를 지정하는 데 앞장섰으면 좋겠다. 특히 섬으로 이루어진 강화군, 옹진군, 완도군, 진도군, 남해시, 거제시, 울릉군 등은 우선적으로 시어 지정이 이루어지기를 기대해본다. 언뜻 생각해도 아주 좋은 시어들이 떠오른다. 예를 들어 인천은 새우, 목포는 홍어, 속초는 명태, 포항은 과메기 등으로 말이다. 덧붙여 안동은 내륙 도시이지만 그 특성을 살려 간고등어로 하면 좋을 것 같다. 도시의 상징성도 살리고 그 지역 어민의 소득이나 관광객의 흥미를 유발할 수 있는 좋은 기회라고 생각한다.

전국의 바다를 가진 시군市郡들이 시의 물고기, 시어市魚를 갖게 되는 제2, 제3의 경주가 밀물처럼 쏟아져 나오기를 기대한다. 조용히 잠자고 있는 육지(?) 도시의 바다 도시로의 빠른 변신을 기다려 본다.

아날로그와 디지털은
이란성 쌍둥이

과정도 중요해

세대를 구분하는 기준은 다양하다. 나이와 쓰는 말로도 나눌 수 있고, 사고방식과 행동 양식으로도 구분할 수 있다. 그중에서 대표적인 것이 아날로그analogue 세대와 디지털digital 세대로 나누는 것 아닐까 싶다. 디지털 격차digital devide는 지역이나 국가뿐만 아니라 세대 간에도 엄연히 존재한다. 당연히 젊은 층은 디지털 세대로, 나이 든 층은 아날로그 세대로 불린다. 물론 이러한 세대 구분은 옳고 그름의 문제가 아니라 단지 시각의 차이일 뿐이다.

같은 대상이나 사물의 본질을 아날로그는 그림이나 계기판으로 나타내고 디지털은 숫자와 신호로 나타낸다. 자연 풍경을 촬영한 사진이 인화되어 사진틀에 박히면 아날로그이고, 그것이 파일로 전환되어 휴대폰에 저장되면 디지털이다. 이처럼 이 둘은 같은 몸에서 나온 이란성 쌍둥이다. 모양만 다를 뿐 별개의 것이 아니라는 이야기다.

아날로그에는 결과가 나오기까지 중간 과정이 있다. 시행착오와 고민이 담기는 중간 과정에 결과 못지않은 애착과 존경심이 따르는 이유는, 중간 과정이 없으면 결과도 없기 때문이다. 이에 비해 디지털은 시작과 결과만 있어, 중간을 알 수도 없고 그 중간에 관심도 없다. 결과의 늦고 빠름이 중요할 뿐 중간 과정은 의미가 없다고 보는 것은 아닐까! 그러나 이것은 보이지 않을 뿐이다. 보이지 않는다고 중간 과정이라는 단계가 없는 건 아니다.

요즘은 디지털이 아날로그를 대체해서 아날로그가 점점 없어지는 세상이다. 이러한 시대의 흐름이 나쁘다는 것은 아니다. 그러나 우리 인생 전체를 놓고 보면, 시작과 끝도 중요하지만 이에 못지않게 중간 과정도 중요하다. 그러고 보면 갓난아기에서 유아기를 거쳐 청소년기와 어른으로 가는 과정을 반드시 거쳐야 하는 우리 인생은 철저하게 아날로그다. 시작과 결과만 중요하다면, 우리는 탄생과 죽음이라는 동일한 기록밖에는 없게 되는 셈이다. 다 큰 성인이 되었다고 갓난아기와 어린 시절을 기억하지 않으려는 것은 자기부정이나 마찬가지다.

바다의 파도를 보면, 아무 이유 없이 해안가에서 파도가 바로 생기는 법

은 없다. 보이지 않지만 먼바다 한가운데에서 바람이나 조류 등 자연의 힘
에 의해 파동이 일어나고, 그것이 해안가에 이르러 엄청난 파도가 되는 것
이다. 그러고 보면 바다는 전형적인 아날로그다.

디지털은 터널

터널은 입구와 출구만 보인다는 점에서 디지털과 닮았다. 터널에 들어
가면 멀리 보이는 출구만을 향해 아무 생각 없이 달려야 한다. 그러나 잘
보이지 않아서 그렇지, 디지털이 그렇듯 터널의 중간은 분명히 있다.

오늘날은 웬만하면 숫자로 표기된다. 학교 성적과 학번이 그렇고 은행
이나 카페, 식당의 번호표 등이 그렇다. 주소도 온통 번호이고 아파트의 평
수도 그렇다. 숫자 천지 디지털 세상에서 아날로그가 그리운 건 나뿐일까.
오늘 하루만이라도 숫자가 아닌 내 이름으로 불리고 싶다. 아날로그가 그
립다.

지금은 여행도 디지털이다. 1990년대 중후반 유럽에 근무할 때 자동차
로 여행하기 위해서는 목적지 주변과 목적지를 가는 동안의 지도를 구입
하는 것이 최우선 준비 사항이었다. 당시에는 길을 안내하는 자동차의 내
비게이션이 없었다. 목적지에 가는 도중 길을 벗어나는 일은 다반사였고,
그런 이유로 전혀 계획에 없던 관광 아닌 관광을 하기도 했다. 당시 운전
하는 내 옆자리에서 지도를 보던 아내가 세상에서 가장 힘든 일이 차 타고
가면서 지도 보는 일이라고 하소연했던 기억이 난다. 아날로그 세대만이

간직한 하나의 애틋한 추억이다.

과거의 여행에는 중간 과정이 있었다. 나귀를 타고 가든 걸어서 가든, 목적지에 갈 때까지 중간에 묵어야 하는 곳이 있었고 먹어야 하는 것이 있었다. 지금은 목적지에 그저 갈 뿐이다. 고속도로를 타고 부산을 간다고 하면, 중간 과정 없이 그저 출발지 서울과 목적지 부산만 있을 뿐이다. 비행기도 마찬가지다. 뉴욕을 가면 서울과 뉴욕만 있을 뿐이다.

해변 도로는 아날로그

차를 타고 여행을 하다 보면 가끔 만나게 되는 것이 해변으로 난 작은 도로다. 길이 계속 있을까 싶은데, 가 보면 차 한두 대는 지날 수 있는 좁고 굽은 길이 나온다. 당연히 속도를 높일 수 없어, 사람 냄새와 바다 냄새를 느끼며 여유를 즐길 수 있다. 운이 좋으면 길가 공터에서 해녀들이 따온 싱싱한 해물을 맛보는 낭만을 만날 수도 있다. 이 해변 도로는 눈, 코, 입, 혀, 귀를 만족시키는 특성으로 볼 때 딱 아날로그다. 바다 곁에 있어서 그런지 해변 도로는 여러모로 바다를 닮았다. 바닷가에 가면 일부러라도 사람 냄새와 바다 냄새, 그리고 아날로그 냄새가 가득한 해변 도로를 찾아가 보자.

비슷한 것을 시골길에서도 볼 수 있다. 도로의 종류 중 '국대도'라는 것이 있다. '국도대체우회도로'의 줄임말이다. 우리가 국도를 타고 가다 보면 마을을 지나치게 되고, 그곳에는 식당도 있고 주유소도 있고 작은 구멍가게도 있다. 그런데 어느 날 도로를 직선화하고 마을을 지나는 교통량을 줄여서 안전을 향상시킨다는 명목으로, 마을을 경유하는 도로를 마을 외곽으로 빼서 국대도라는 것을 건설했다. 그저 지나는 나그네들은 10분이 절약되었다며 좋아하겠지만, 주민들의 먹고사는 문제와 직결된 일이다. 차량이 국대도로 우회해 지나가버리니 시골 마을의 가게나 식당이 장사가 될 리 없기 때문이다.

육지에서 국대도와 고속도로가 디지털이라면, 시골길과 지방도는 아날로그다. 이처럼 우리는 없어지는 아날로그 대신 계속 생겨나는 디지털 속에 갇혀 살고 있다. 우리 모두 빠른 고속도로가 있고 국대도가 있어도 가끔은 구부러진 작은 길이나 시골길로 가 보자. 인생의 행복이 있고, 시골 구멍가게 주인의 미소가 보일 것이다. 아날로그가 그리운 것이 아니라 잊히고 사라지는 것이 아쉽다.

레스토랑과 메뉴

레스토랑은 음식

어릴 적 시골에서 나고 자란 사람들에게 레스토랑에 가서 식사하는 것은 큰 사건(?)이었다. 레스토랑에 가서 소위 칼질을 한다는 것은 정말로 큰 사치에 속했고, 아무나 이룰 수 없는 꿈이었다. 그만큼 그 당시 세대들의 버킷 리스트 중 제일 우선순위를 차지하는 게 '레스토랑에서 칼질하기'였다.

레스토랑은 단어에서 알 수 있듯이 프랑스 말이다. 그리고 원래는 장소가 아닌 음식 이름이었다. 1765년 파리의 요리사 블랑제Boulanger가 소고기와 양고기, 그리고 각종 야채를 넣어서 건강에 좋은 수프soup를 개발했는데, 이 수프의 이름이 레스토랑이었다. 레스토랑의 불어 restaurant는 영어 restore와 어원이 같다. 이 말은 영어나 불어로 '건강이나 정력을 회복시켜 주거나 북돋아 준다'는 의미의 건강식 수프다. 이렇게 시작된 레스토랑 수프는 파리를 중심으로 대단한 인기를 끌며 여러 식당에서 주요 메뉴가 되었다. 그리고 워낙 인기가 좋다 보니 나중에 가서는 이 레스토랑 수프를 파는 식당의 이름 자체가 아예 레스토랑이 되어버렸다.

이런 상황은 과거 우리나라 조미료 시장을 석권하던 '미원'이 그 자체로 조미료를 상징했던 것을 떠올리면 이해하기 쉽다. 또 머리를 깎는 이발 기계의 제조 회사 이름인 바리캉bariquand이 머리 깎는 기계를 통칭하는 의미로 불리는 것과도 비슷하다. 영화를 의미하는 시네마도 이와 비슷한 사례라 할 수 있는데, 이 시네마라는 말은 프랑스에서 1895년 발명된 세계 최초의 영화 촬영 기계인 시네마토그래피cinematography에서 유래되었다. 지금은 영화 또는 영화관을 의미하는 포괄적인 의미로 시네마가 사용된다.

여하튼 레스토랑 수프를 파는 레스토랑이 프랑스 전역에서 점점 인기를 끌고, 파는 음식도 수프만이 아니라 다양해지자 고급 음식점의 대명사로 자리매김하게 되었다. 이것이 일본을 거쳐 우리나라에 들어왔고, 서양 음식 하면 레스토랑이 떠오르게 된 것이다. 주객이 바뀐 사례다.

코스 요리가 러시아에서?

고급 음식점에 가 보면 요리가 한꺼번에 나오지 않고 코스 요리라고 해서 순서대로 서빙을 하는 경우가 있다. 그런데 이 코스 요리는 프랑스나 이탈리아에서 온 것이 아니라고 한다. 원래 이러한 서빙은 날씨가 추운 러시아에서 음식을 한꺼번에 내오면 음식이 식어서 맛이 없어지는 문제를 해결하기 위해 순서대로 따뜻한 음식을 내오는 방식이었다. 이것이 프랑스 등 유럽 왕실로 전해지면서 음식 서빙의 전통으로 자리 잡게 되었다. 이런 경우는 어느 국가가 원조라고 딱히 주장할 수 없을 것 같다. 어떻게 보면 서로 영향을 주고받으며 발전하는 것이 문화이기도 하다.

레스토랑에 가 보면 음식의 서빙 종류와 순서를 알려주는 메뉴menu가 있다. 이 메뉴를 멋지게 장식한 메뉴판이 손님별로 따로 준비가 되기도 하고, 어떤 경우에는 이 메뉴판 자체가 하나의 귀중한 기념품이 되기도 한다. 그런데 당초 이 메뉴라는 것은 궁중이나 귀족 집안의 요리사들이 음식 준비를 위한 재료비 산출 목적으로 리스트를 만들었던 것에서 기원한다. 이런 목적의 메뉴가 일반적으로 대중화된 것은 1540년경 프랑스의 한 귀족이 손님들을 초대하면서 처음으로 메뉴판을 사용했는데, 이것이 점차 귀족들에게 퍼져 나간 데서 비롯되었다.

처음에는 초대되어 온 손님들이 궁금해하지 않도록 음식 리스트를 만들어 출입구에 부착했는데, 파리의 일부 고급 레스토랑에서 이를 본받아 서빙하는 음식 순서와 가격을 제시하고 메뉴판도 고급스럽게 만들면서 현대의 메뉴판으로 정착되었다.

이와 같이 레스토랑이나 메뉴 모두 우리에게 익숙한 것들이지만 그 나름의 흥미로운 역사와 유래가 있다. 이처럼 당연하게 생각되는 것들에 대해 의문을 가지면, 새로운 것을 알게 되고 새로운 도전과 발전을 위한 밑거름이 된다.

제네바에서
제네바를 찾다

프랑스의 제네바 공항

'알프스의 도시, 어디서 사진을 찍어도 그림엽서에 나올 법한 도시, 국제기구의 도시, 호수와 분수의 도시, 시계의 도시'

모두 스위스의 제네바를 상징하는 이름이다. 스위스는 인구 800만 명에 국토는 남한의 절반밖에 안 되는 작은 나라다. 그리고 불어, 독어, 이탈리아어를 모두 공용어로 사용하는 다언어 국가다. 그중 불어권의 중심이며 프랑스에 의해 삼면이 둘러싸여 있는 곳이 스위스의 제네바다. 개인적으로는 운이 좋게도 이 제네바에 있는 국제노동기구에서 3년을 근무하게 되는 영광을 누렸다.

그림 3-4 레만호와 분수가 보이는 제네바 풍경

스위스 국민의 70%는 독일어권이고 20%가 불어권, 그리고 나머지가 이탈리아어권이다. 스위스 국민은 학교에서 이 세 가지 언어 중 두 가지를 국어로 배우고, 외국어로는 주로 영어를 배운다. 외국어 때문에 고생하는 우리 입장에서 보면, 기본적으로 3개 언어는 할 수 있는 참 유리한 여건을 가진 나라다. 스위스는 면적은 작아도 인구밀도가 우리보다 훨씬 낮고 프랑스, 독일, 이탈리아 등 주변 국가와의 소통이 편해서 작은 나라라는 느낌은 없다.

제네바의 관문 제네바 공항은 출입 게이트와 터미널은 스위스 제네바에 있으나, 활주로 등 상당한 공항 면적은 프랑스 영토에 있어서 제네바 공항으로 도착하면 스위스와 프랑스에 동시 입국하게 되는 셈이다. 그래서 두 나라 별도의 출입국 절차가 있다. 우리로서는 상상이 되지 않는 풍경이다. 제네바 공항이라는 하나의 공항이 두 나라에 걸쳐 있다니, 역시 국제도시 제네바다운 제네바 공항이다.

제네바 바로 인근에는 우리가 잘 아는 국제올림픽위원회 IOC와 국제축구연맹 FIFA 본부가 있는 스위스 로잔이 있고, 로잔에서 레만호를 건너면 바로 생수와 관광의 도시 프랑스 에비앙Evian이 있다. 이 에비앙은 알프스의 생수로도 유명하지만, 무엇보다 세계 여자 프로골프대회 중 유럽에서 열리는 메이저 대회 에비앙 마스터스로 유명하다. 그야말로 그림엽서에나 나올 법한 아름다운 도시다. 제네바에서 프랑스의 에비앙 반대 방향으로는 18세기 프랑스의 계몽 시인 볼테르Voltaire가 살았던 작은 국경 마을인 프랑스 영토 페르네 볼테르Ferney Voltaire가 조용히 위치하고 있다.

내 이름을 찾아주세요

제네바에 도착해서 국제노동기구의 현지 직원들을 처음 만났을 때 당황했던 기억이 있다. 바로 제네바란 도시 이름 때문이다. 제네바에 있으면서 제네바를 이야기하고 있는데 제네바가 어디인지 몰랐다. 알고 보니 제네바란 이름은 영어도 아니고(Geneva라 쓰고 '쥐니버'라고 발음한다), 현지 불어권에서 사용하는 불어 이름(Genève라 쓰고 '쥬네브'라고 발음한다)도 아니었다. 공용어의 하나인 독일어식 이름은 더욱 아니었다. 제네바를 모르는 건

나의 한국식 영어, 일명 콩글리시 때문이었다. 영어 단어 Geneva를 소리 나는 그대로 우리식으로 발음하면 '제네바'가 되는데, 프랑스인 현지 직원이 이 제네바를 알아들을 리 없었다. 우리의 외래어 표기법이 최소한 지명만은 현지 발음에 가깝게 변화했으면 좋겠다는 생각이다.

우리에게 영어권이 아닌 외국의 도시 이름이 어려운 것은, 현지에서 부르는 이름이 있고 영어로 부르는 이름이 따로 있기 때문이다. 북경을 베이징이라 하고 동경을 도쿄라 하는 것과 마찬가지다. 베이징에 가서 북경을 묻거나 도쿄에 가서 동경이 어디냐고 물으면 알 수 없는 것과 같은 이치다.

한번은 세계적인 자동차 피아트로 유명한 이탈리아 토리노Torino로 출장을 가게 되었는데, 현지 행정 직원이 튜린Turin으로 출장을 갈 때 교통수단을 어떻게 할지 물었다. 당시만 해도 토리노가 영어로 튜린이라 부르는지 몰랐던 까닭에 그 행정 직원에게 튜린이 아니고 토리노로 간다고 이야기했다. 이때 당황하던 그 행정 직원의 모습을 지금도 잊을 수 없다. 요즘 흔한 말로 웃픈 추억이다. 황당한 일이라고 생각하겠지만, 우리에게는 누구에게도 벌어질 수 있는 이야기다.

영어가 우리나라에 소개될 때 상당 부분 일본을 통해서 들어온 것이 많다. 대표적으로 영어 사전이 그렇다. 초창기 우리나라의 영한사전은 영일사전을 번역해 만들어졌다. 이런 까닭에 과거 우리나라에 소개된 영어 표현은 지금 보면 웃음이 절로 나오는 것들이 많다.

과거 우리나라에 가장 많았던 트럭은 '제무시'라고 불리던 중고 덤프트럭이었다. 제무시는 미국 자동차 회사 제너럴 모터스 GMC를 의미하는 것인데, 일본인들이 부르던 대로 발음을 따라 하다 보니 원문과는 전혀 다른 제무시 트럭이 된 것이다. 또 60~70년대 우리나라에서 가장 좋은 양복은 세비로 양복이었다. 연세가 좀 있으신 분들은 무슨 말인지 기억할 것이다. 그런데 이 세비로는 영국 런던에 위치한 고급 신사복 거리 Savile Row(row는 작은 거리를 말한다. 반대로 street는 넓은 거리, 즉 대로를 말한다)에서 나온 말이다. 일본 사람들이 멋을 부리기 위해 런던 새빌 로에 위치한 양복점에서 고급 양복을 맞춰 입으며 '세비로'라고 했던 것이 우리나라에 그대로 전해진 것이다.

뒤뚱거리는 시내버스

1997년 제네바에 도착했을 때 가장 먼저 눈에 띈 것은 뒤뚱거리는 저상 버스였다. 당시 우리나라는 토요일도 휴일이 아니고 반공일이라 불리며 오전은 근무하던 시절이었다. 그때 그 당시 우리나라에 저상 버스가 있었는지 기억이 나지 않는다.

스위스의 빨간 버스는 저상 버스이면서 장애인이나 유모차 이용객이 오면 보도 쪽으로 버스가 살짝 기울어지면서 발판이 나와 쉽게 탈 수 있게 설계된 것이었다. 게다가 버스 시간도 시간표대로 정확하게 운영되고 있어서 우리 가족처럼 어린아이들이 있는 이방인에게 스위스 버스는 그야말로 최상의 교통수단이었다.

공직자로서 당시 중간 관리자였던 나에게 이 뒤뚱거리는 제네바의 버스 모습은 이용자와 수요자 중심의 행정이 무엇인지, 교통 약자 중심의 서비스가 무엇인지를 강하게 일깨워 주었다.

이제는 우리나라도 저상 버스가 기본이 되었지만, 아직 발판이 나오거나 보도 방향으로 기울어지는 버스는 보지 못했다.

우드로 윌슨과 제네바

스위스 제네바는 무슨 복이 그리 많은지, 제대로 된 국제기구 하나 찾기 어려운 우리나라와는 달리 국제기구가 많이 소재하고 있다. 제네바에는 유엔 유럽 본부, 세계무역기구, 세계보건기구, 국제노동기구 등 20여 개의 유엔 및 국제기구 본부가 소재하고 있다. 그뿐이 아니라 수많은 정부 간 또는 비정부 간 기구의 본부가 제네바에 있다. 그래서 그런지 제네바는 일년 내내 불황이 없다. 가만히 앉아 있어도 외국 방문객이 끊이지 않아서 소위 장사가 되기 때문이다.

제네바에 이처럼 국제기구가 많은 이유는 바로 제1차 세계대전의 참전을 결정하고 승전을 이룬 미국의 대통령 우드로 윌슨W. Wilson에게서 찾을 수 있다. 그는 우리에게는 삼일운동의 촉매제가 된 민족자결주의의 주창자로 더 잘 알려져 있다. 제1차 세계대전 이후 미국 대통령이던 윌슨은 전후 국제 질서를 회복하기 위해 합의체로 1920년 국제연맹League of Nations

을 주창했다. 그리고 국제연맹의 본부를 제네바에 둘 것을 강력하게 요청했다. 당시 국제연맹의 본부 건물이 현재 유엔의 유럽 본부 건물인 팔레 데 나시옹Palais des Nations이다. 이 건물 앞에 있는 넓은 광장 한가운데에는 다리 하나가 부러진 커다란 나무 의자가 세워져 있는데, 이것은 발목 지뢰 등 분쟁 지역에서의 지뢰 참상을 알리기 위한 상징물이다.

이러한 윌슨 대통령의 결정은 스위스가 영세 중립국인 점이 크게 고려

그림 3-5 제네바 광장에 있는 부러진 다리의 나무 의자

된 것이긴 했지만, 어쨌든 그 이후 국제기구의 본부들이 제네바에 자리를 잡게 되는 결정적인 역할을 했다. 지금도 제네바에는 윌슨 대통령을 기념하기 위해 우드로 윌슨 거리나 윌슨 호텔처럼 윌슨 이름이 들어간 지명이나 건물이 많다. 작지만 강한 글로벌 국가 스위스다운 모습이다.

참고 문헌

- 가와기타 미노루, 장미화 옮김,《설탕의 세계사》, 좋은 책 만들기, 2003

- 강희웅 외,《한 접시에 담긴 씨푸드》, 한국해양수산개발원, 2020

- 국립수산과학원,《과학이 숨 쉬는 어식 문화》, 국립수산과학원, 2008

- 국립수산과학원,《수변정담》, 국립수산과학원, 2005

- 국립수산과학원,《스토리텔링이 있는 수산물 이야기》, 국립수산과학원, 2010

- 국립수산과학원,《해마가 들려주는 신비로운 수산물 이야기》, 국립수산과학원,
  2017

- 국립해양박물관,《등대》, 국립해양박물관, 2019

- 김석균,《바다와 해적》, 오션&오션, 2014

- 김인현,《해운 산업 깊이 읽기 Ⅲ》, 법문사, 2022

- 김재철·박춘호·이정환·홍승용 공편,《신해양시대 신국부론》, 나남, 2008

- 김형오,《술탄과 황제》, 21세기 북스, 2012

- 남종영·손택수 외 39인,《해서열전》, 글항아리, 2016

- 미야자키 마사카츠, 서수지 옮김,《부의 지도를 바꾼 돈의 세계사》, 탐나는 책, 2011

- 미야자키 마사카츠, 정세환 옮김,《처음 읽는 술의 세계사》, 탐나는 책, 2007

- 미야자키 마사카츠, 한세희 옮김,《처음 읽는 음식의 세계사》, 탐나는 책, 2021

- 박장호,《커피와 크라상》, 도서출판 선, 2019

- 세키 신코, 곽범신 옮김,《지리로 읽는 세계사 지식》, 반니, 2022

- 시오노 나나미, 정도영 옮김,《바다의 도시 이야기》, 한길사, 1996

- 어니스트 헤밍웨이, 강남현 옮김,《노인과 바다》, 월드컴 출판사, 2006

- 에른스트 H. 곰브리치, 이내금 옮김,《곰브리치 세계사》, 자작나무, 2004

- 이주희(EBS 미디어 기획),《군림할 것인가 매혹할 것인가, 강자의 조건》, 엠아이디 (MID), 2014

- 장 콩비, 노성기·이종혁 옮김,《세계 교회사 여행 1, 2》, 가톨릭 출판사,

- 장장년·장영진, 김숙향 옮김,《세계역사, 숨겨진 비밀을 밝히다》, 눈과 마음, 2007

- 전국역사교과서모임,《문명과 문명의 대화》, 휴머니스트, 2005

- 주강현,《세계의 어시장》, 눈빛, 2019

- 주강현,《환동해 문명사》, 돌베개, 2015

- 주경철,《문화로 읽는 세계사》, 사계절, 2005

- 주성호·강범구·우예종·류영하,《신해양시대의 미래전략》, 바다위의 정원, 2016

- 피터 왓슨, 조재희 옮김,《거대한 단절Great Divide》, 글항아리, 2016

- 필립 아더, 서영경 그림, 김옥진 옮김, 《오늘을 만든 모든 것들》, 아이세움, 2005

- 한국해양과학기술원(KIOST), 《미래를 꿈꾸는 해양문고 1권~37권》, 지성사.

- 한국해양수산개발원, 《The Ocean 시리즈》, KMI, 2015

- 한국해양재단, 《한국해양사 Ⅰ, Ⅱ, Ⅲ》, 한국해양재단, 2013

- 한호림, 《꼬리에 꼬리를 무는 영어》, 디자인 하우스, 2000

- 합포문화동인회, 《지금을 걸으며 미래를 생각하다》, 합포문화동인회, 2017

- 해양수산부, 《2016 해양경제》, 해양수산부, 2017

- 현경병, 《유럽을 만든 사람들》, 도서출판 무한, 2015

- Chua Thia-Eng · Gunnar Kullenberg · Danilo Bonga, 《Securing the Oceans》, PEMSEA & The Nippon Foundation, 2008

- David Loaders, 《England's Maritime Empire》, Longman, 2000

- David McLean, 《Education and Empire》, British Academic Press, 1999

- Niall Ferguson, 《Empire, How Britain Made the Modern World》, Allen Lane Penguin Books, 2003

- 공유마당 https://gongu.copyright.or.kr/

- 국립해양조사원 https://www.khoa.go.kr/

- 국제해사기구(IMO) https://www.imo.org/

- 국토교통부 http://www.molit.go.kr/

- 국토지리정보원 https://www.ngii.go.kr/

- 극지연구소 https://www.kmi.re.kr/

- 두산 백과 http://www.doopedia.co.kr/

- 수협중앙회 https://www.suhyup.co.kr/

- 위키백과 https://ko.wikipedia.org/ https://www.wikipedia.org/

- 한국원양산업협회 http://www.kosfa.org/

- 한국해양과학기술원 https://www.kiost.ac.kr/

- 한국해양수산개발원 https://www.kmi.re.kr/

- 해양수산부 통계 https://www.mof.go.kr/statPortal/main/portalMain.do

- KOTRA(국가정보) https://news.kotra.or.kr/

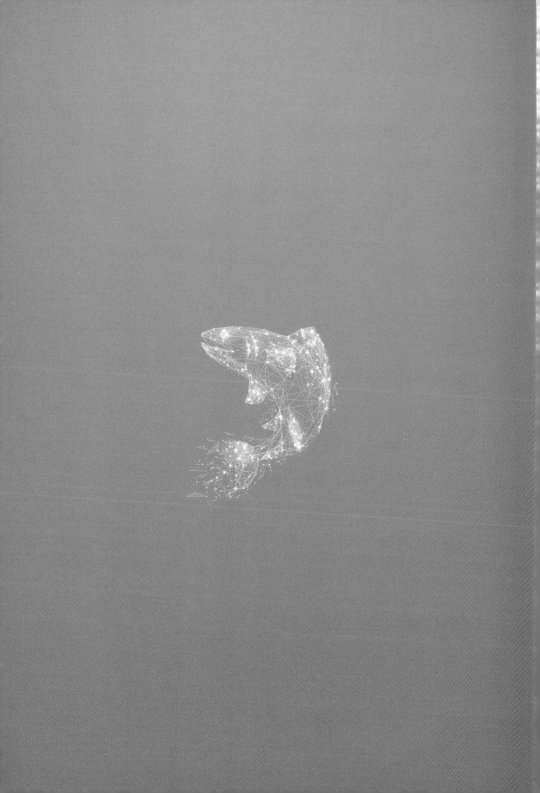

시나리오

1판 1쇄 2023년 7월 27일
1판 2쇄 2023년 8월 8일

지은이 윤학배
펴낸이 김병우
펴낸곳 생각의창
주소 서울 서대문구 거북골로 120, 204-1202
등록 2020년 4월 1일 제2020-000044호

전화 031)947-8505
팩스 031)947-8506
이메일 saengchang@naver.com

ISBN 979-11-977311-6-7 (03300)